# それでも、読書をやめない理由

デヴィッド・L・ユーリン=著
井上里=訳

柏書房

The Lost Art of Reading
Why Books Matter in a Distracted Time
by David L. Ulin

# 目次

装丁　ヤマシタツトム

レイ、ノア、ソフィーに

―きみたちは消えることのない炎だ―

一年のあいだ、すべての詩人が沈黙するとしたら――よろめきながらの絶えざる前進を中断できるとしたら――わたしたちはみな、善き人間になれはしないだろうか。たぶんなれる、とわたしは思う。詩の欠如、詩の不在、新たな詩を求めないこと。それこそ、わたしたちの芸術に起こり得る最良のものではないだろうか。まる一年、詩作を断つこと。いや、できればまる二年。

ニコルソン・ベイカー『アンソロジスト』より

本文中*のついているものは、2012年1月現在、未邦訳あるいは邦訳書が入手困難な書籍です。また、電子書籍化についての記述は、原書刊行当時のものです。

# プロローグ

# 「文学は死んだ」？

最近、十五歳の息子のノアにこんなことをいわれた――文学はもう死んでるね。わたしたちは夕食をとりながら『グレート・ギャツビー』の話をしていた。ノアは中学三年生。文学のクラスでこの作品を読んでいるのだが、授業ではいろんな注釈が出てきて、ノアはこれが大嫌いらしい。数行おきに読むのを中断してメモを取ったり、引用文の出典を確認したりして、丹念に読まなくてはならないという。「好きに読ませてくれれば楽しいのに」と、ノアはこぼした。わたしは息子の話をきいているうちに、自分が受けた授業を思い出した。面倒くさい詩の韻《いん》の分析、内容の図解、比喩や決まり文句の洗い出し。わたしは中学のときに『蝿の王』を読んだことを思い出した。ノアはこの小説をサマーキャンプで読み（そして気に入って）、フェイスブックで感想を送ってきた――『めちゃくちゃヤバい』。中学生のとき、わたしはこんなふうに考えていた。先生は作品の象徴的な意味をこまかく説明し、文字通り一行一行に隠された意味を解読するけど、先生のいってることなんか信じられない。わたしが興味を引かれたのは、どうしてウィリアム・ゴールディングは、これほど意識的にさまざまな仕掛けをしながら、物語をつむぐことができたのだろうということだった。どうやって作品の道すじを終わりまで見通せたのだろう？　そのときすでに、わたしは作家志望で、本や物語がどんなふうにできるのかを考えながら読むようになっていた。そして、あきらめた。そこまで意識的でなくてはならないのなら、自分にはとても小説なんて書けないと思ったからだ。

今では、学校の文学の授業は誤った理論にもとづいていると気づいている。作品のどんな小さな部分にも意味がある、さあ、張りめぐらされている伏線を探し、全体の構造とどうつながっているのか示せ。文学とは――少なくとも、わたしが惹かれる文学とは――そんなことで味わえるものではない。文学はたしかに意識的に作られる。だがそこには、読者ひとりひとりが異なる宝物を見出す余地も十分に残されている。作品は、職人技と特異な才能との微妙なバランスの上に成り立っている。作家が創作について質問されてしばしば答えにつまるのはそのせいだ。物語のつながりや、よどみない流れは、作家本人にとってさえよくわからない。「正直いうと、ひとりでにできたんだ。計画なんて立ててなかったんだから」。フィリップ・ロスは、二〇〇六年に出版した『エヴリマン』*のある場面について、そう語っている。意外かもしれないし、作品という魔法を生む仕組みやからくりをのぞきみたい読者には不満かもしれないが、作家にはそうとしか答えようがない。作家は、もともと図式化しにくい動機によって書いている。つまり、感情的であいまいで、明確に定義し難い動機だ。少なくとも、その作品になんらかの優れた点がある場合はそうだ。だが、そういった作品の面白さは教えるのが難しい。生徒は、韻の分析や注釈、うるさい論争や雑音のような解説を押しつけられる。しかし、そんなことを考えていると作品の生命力はかすんでしまう。

ただし、ノアにとってこんなことはどうでもいいらしい。わたしのように、文学についてあれこれ考えたりはしない。さっさと宿題を終わらせて、好きなことに取りかかりたいだけだ。本人も認めているが、ノアは読書家ではない。つまり、わたしのような読書家ではないし、本を通じて世界を構築するわけでもない。面白いと思ったものは読むが、それもめったにない。息子の友人たちもたいていは似たようなものだ。ノアの精神活動はおもに、パソコンの回路や通信速度や低い作動音の中で行われている。わたしが『グレート・ギャツビー』はとにかくすばらしいと語っても、ノアはまったく心を動かされない。『わかってるってば、わかってる』。ノアはろくにわたしの方をみもせずにこういっているかのようだ。『父さんはいつもそういってるよね』。わたしがフィツジェラルドの作品がいかに現代的かをそれとなくつぶやいても、ノアは興味を示さない。わたしの考えとはこうだ。二十一世紀の今、この小説を読むと、心の弦《げん》のネジを巻かれるように感じる。それはひとつには、一九二五年の出版当初とは違って、現代の人間がこれを読むときには必ずふたつのヴィジョンを同時にみるからだ。つまり、世の中はどれほど変わったのか、そしてまた、どれほど変わっていないのか。この小説を読み終えると、このふたつのことを考えさせられてしまう。ノアは、わたしのこんな意見にも心を動かされない。『グレート・ギャツビー』は、いずれにせよ今も昔も通俗小説であり、その書かれた時代の本質を明らかにしている。これは今日の小説には真似できない。

この、時代の本質を明らかにするという難問は、現代文学について語ると、会話の中心にまるでゴリラのように立ちはだかる問題であり、とかく過小評価されたり要点をすりかえられたりしがちな問題でもある。本ははたして重要なのか? なぜ重要なのか? 本が与え得る影響とはどういうものなのか? わたしたちは、読書の必要性について語り、危機に瀕している読書について語り、ろくに本を読まない人々(たいていはノアのような思春期前や思春期さなかの少年)について語る。だが、ある単純な、しかし危険な所見には、まともに目を向けようとしない。それは、文学はかつてのような影響を持っていない、いや、持ちえない、というものだ。カート・ヴォネガットはわたしが作家を志すきっかけになった人物だが、彼にいわせれば、犯人はテレビだという。ヴォネガットは一九九七年に語っている。「わたしが本を書き始めたときは、物語作家として十分に食べていくことができた。郵便受けさえあればどこででも暮らせた。当時はまだ雑誌の黄金時代だったんだ。そんな時代が永遠に続くように思えた……そこへ、これといった悪意はなかったんだろうがテレビが現れ、広告主にとっては雑誌よりもテレビコマーシャルのほうが魅力的というだけの理由で、雑誌業界は干上がってしまった」。リー・シーゲルやアンドルー・キーンのような、ニューメディアに反発する文化評論家たちにとっては、問題はテクノロジー、とくにインターネットが絶えず繰り出してくる注意散漫の素《もと》であり、ブログやツイッターの時代における作家の権威の失墜であり、次々とリンクできる多重ネットワーク世界を前にしての物語の崩壊だ。しかしこういった意見は、わたしたちの知る形での文学という文化も技術革命の産物だったという点を見過ごしている。つまり、文学もヨハネス・グーテンベルクが発明した活版印刷の産物なのだ。わたしたちは、本があって一般の人は字が読めるということを当然と考えているが、それらはせいぜい数百年前からの常識にすぎない。グーテンベルクの発明からほんの一世紀半後、今から四百年ほど昔、ジョン・ミルトンは誇張ではなくこう自慢することができた。手に入るかぎりの書物はすべて読んだし、個人が読めるかぎりの史上知られる思想書はすべて読んだ、と。大学生のとき、わたしは友人とショートフィルムを作ったことがある。結局完成はしなかったが、その映画の中でミルトンが現代にタイムトラベルしてきて、ロワー・マンハッタン、ユニオンスクエア近くにあるストランド古書店へ入っていく。そこで膨大な量の本（『十八マイル分の蔵書』というのが店のキャッチコピーだ）に出会ったミルトンはパニックを起こす。悲鳴をあげて店からブロードウェイへ飛び出し、ニューヨーク市バスと衝突してしまうのだ。

ミルトン（実在したほう）は、本、というより印刷そのものが社会を大きく変えた時代の申し子だった。同じことが、トマス・ペインについてもいえる。ペインは一七七六年一月に、匿名のパンフレット『コモン・センス』を出版し、アメリカ独立革命の導火線に火をつけた。植民地時代のアメリカでは、独立の気運をあおる印刷物がいたるところに出回っていた。活発にパンフレットを発行していたその文化は、まさに今日のブログを介した全地球的コミュニケーションを連想させる。このときのことを例にとっても、時代のニューメディアに反発する人々への反論が可能だ。というのも当時の印刷物が圧倒的人気を得た理由のひとつは、それが最先端技術の産物だったからだ。パンフレットはブログと共通する点が多い。多くが現れては消えていく点も同様だ。中にはほんの数百部しか売れず、執筆者が選んだ読者に語りかけただけのものもある。ところが『コモン・センス』は植民地のベストセラーとなり、十五万部も売れた。広くゆきわたり、朗読され、数十万人以上の耳目に触れることとなった。その大きな影響力をみて、数カ月後、トマス・ジェファソンはこのパンフレットを下敷きに『アメリカ独立宣言』を書き始めた。ペインのアイデア（基本的人権、自己決定の権利など）をいくつも失敬し、その内容も形式も借用したのだ。

これほど多くの読者に影響を与えたことを考えれば、『コモン・センス』がアメリカの出版史上最も重要な一冊であるということに異議を唱える人はいないだろう。しかし、本の製作技術と流通がはるかに進んだ今日、影響力という点では状況はかなり変わっている。どのような本であれ、現代社会で『コモン・センス』ほどの反響を呼ぶ本はまずないだろう。では、映画やウェブサイトはどうか？　たしかに、〈デイリー・コス〉や〈ファイブサーティエイト〉といったブログサイトは、二〇〇八年の大統領選挙へ向けて過熱し、何かに取り憑《つ》かれたかのような大量のアクセス数を記録した。だが、総人口に対するその割合（と効果）をみれば、ペインが成しとげたことに遠く及ばない。マイケル・ムーアの『華氏９１１』は、二〇〇四年の大統領選挙からわずか半年前に公開されると、映画館に人々が押し寄せ、熱烈な議論が国民の間に巻き起こった。だがこの映画でさえ、現れたかと思うと、またたくまに消えていった。ムーアが政治的宣伝を目的にしていたのに対し、ペインは哲学者であったということも、多少は影響しているかもしれない。『コモン・センス』のすばらしさは、毅然《きぜん》とした文体と、反論と説得のバランスにある。独立問題の賛同者と反対者の双方に語りかけ、つねに両者が合意できそうな点を注意深く探っているのだ。だが、ムーアとペインの比較で同時に注目すべきなのは、世論の変化の速度と多様性だ。ムーアの場合、世論の関心はあっというまに反ジョン・ケリーのベトナム戦争帰還兵によるネガティブ・キャンペーン（ケリーの戦争での功績は虚偽だと告発するCMを放映した）やほかの問題へと移り、『華氏911』はぽつんと取り残された。十一月頃には、過去の遺物に過ぎなくなっていた。六年後の現在、人々の記憶に残ってはいるものの、すでに時代遅れの作品だ。選挙結果を変えようとしたが当の選挙よりも前に新鮮味を失ってしまった、ひとつのプロジェクトでしかない。

これこそ、ノアがそっけない言葉でいおうとしていたことだ。どんなものが人間の心に強い印象を残せるのか。わたしたちの文化の中では、情報やさまざまなアイデアにふいに火がついては、じっくり吟味する間もなく、それらは次のものに取って替わられていく。読書なんていつまで人間の想像力に影響を与えることができるのだろうか。いや、こんな質問にそもそも意味があるのだろうか。

ノアは読書家ではないが、美しい文章の魅力には敏感に反応する。夕食での会話から数週間たった頃、ノアは『グレート・ギャツビー』を読み終えたといった。最後の数章はこれまで出会った文章の中でも最高に美しかった、という。「だろう？」わたしはいった。息子の感想がうれしかった。だが、どうしても、小説に関する前回の会話が思い出された。あのとき、ノアは立ち上がりながらこういって会話を締めくくったのだ。槍で突くような鋭い口調だった。「だから、もう、だれも本なんて読まないんだ」

「え？」わたしは思わず問い返した。ノアは注釈の話にもどったが、その言葉には言外の意味がこめられていた。

「だから、本は終わりなんだ。友だちはだれも本なんか好きじゃないし、もうだれも本なんか読みたがってない」

ノアはしばらくわたしを見つめた。反論があるならきくけど、といわんばかりに。一瞬、返事をしようかと思ったが、言葉がみつからなかった。見方を変えれば、これは昔からある父と子の対立だった。ノアはわたしにむかって、読書なんか意味がないということで自立を宣言したのだ。本であふれた部屋の中で。わたしの本が何千冊と棚に並ぶ部屋の中で。あやうくわたしは、流れ出た血を拭うためにタオルを持ってきてくれと頼みそうになった。

　息子の成長に気づいたせいもあったが、わたしは別の意味でも動揺していた。たしかに、ノアは反撃した。たしかに、息子は父親に身の程を思い知らせようとした。だが、わたしはノアが部屋を出ていくのをみながら、心穏やかならぬ事実にはっとさせられたのだ。それは、わたしという存在の核心に触れる事実だった。文学は死んだ、とノアはいった。だから、本なんてもう読まないんだ、と。隠していたものが露わにされる衝撃を感じながら、わたしは気づいた。つまり、わたしも、ノアが間違っているとは思えなかったのだ。

# 第１章
# 物語の中の真実

数年前のあるとき——いつだったか、正確には覚えていないが——、腰を落ち着けて本を読むのが難しくなってきたことに気づいた。わたしのように本を読むのが仕事の人間にとっては、じつにまずい。それどころか、本を読むことが人生そのものだったわたしにとって、事態はまずいどころか深刻だった。文学を発見したその瞬間から、わたしは自分の周りに本の山を築いて生きてきた。あらゆる部屋、オフィス、アパートの壁や床やテーブル、そのほか空いている面という面を、書物のインクのにおいで覆ってきた。文学を発見した瞬間から？　いや、それより前、読書家という自覚さえない頃から、本は空気のように欠かせない存在だった。わたしは、本があふれている家で育った。最も幼いころの記憶の中で、わたしは床から天井まで続く本棚を、はしごにのぼって調べている。両親と暮らしていたマンハッタンのアパー・イースト・サイドにあるアパートで、魅力的な表紙絵の本を探していたのだ。気に入った一冊がみつかれば、何時間でもながめて絵の中へ入っていこうとした。せいぜい六歳か七歳のころだ。わたしが惹きつけられたのは、歴史と冒険、幻想と現実とが混じり合った絵だった。昔のバンタムブックスのチンギス・ハーンの物語にはすっかり心をうばわれた。表紙には、馬にまたがって連隊を率いる、モンゴルの皇帝が描かれていた。表紙を開いて中身を読むことはなく、のちに歴史小説を好きになることもなかったが、それでも、表紙絵に見入ったあのときの喜びは今でも思い出すことができる。自分の両手の中に世界が開かれたような気分になったものだ。これこそ、わたしたちが最初に本に惹きつけられる最大の理由だろう。別の土地、別の人生へわたしたちを運んでくれる、魔法の力。

長いあいだ、わたしは、ただそれだけの理由で本を読んでいた。本は、パラシュートを開くひも、脱出用ハッチ、現実の人生から出ていく扉だった。どこへいくにも本を持っていった。学校、友だちとのお泊まり会、休暇中の滞在先。ほんの少し地下鉄に乗るときも。わずかな時間にも、どんな所にも、どんなときにも。十三歳になった一九七四年の夏、わたしはヴァーモント州のテニス合宿場で、二段ベッドの下の段に引きこもったままさえない二週間を過ごしていた。毎日服も着替えず、だれとも話さず、フィリップ・ロスとバーナード・マラマッドを読んでいたのだ。どちらの本も、よくわからなかった。その夏一番のお気に入りは『殺し屋ジョーイ』だった。作者はジョーイというペンネームの殺し屋で、殺人にまつわる三十八の物語を細かいところまでリアルに描いていた。(もうひとつ、お気に入りの思い出がある。茶色の長い髪をした年上の女の子が、ビートルズの「アイ・ソー・ハー・スタンディング・ゼア」に合わせて、合宿所の娯楽室でひとり踊っていたことだ。七月のある夕暮れ、夕食の後の出来事だった。女の子の体が、薄れていく夕陽の中で輝いていた。体はしなやかに動いているのに、不思議に静止しているようにもみえた)。理解できない本に惹かれはしたが、その状態が何カ月も続いたわけではない。やがてわたしは、ロバート・デイリーの『ターゲット・ブルー』*を読みふけるようになった。全六百ページ。著者がニューヨーク市警本部次長を務めていたときの記録だ。その本を読んでいたのは、親族の集まる感謝祭の時期だった。長く退屈な午後と夜を、わたしはこの本を読んでやり過ごした。親戚たちの噂話に耳をふさぎ、互いの敵対意識ややり場のない怒りを無視して、あと何ページ読めるだろうかと考えながら。もっともこの態度は、この頃の底の浅い教養人気取りや、思春期特有のニキビだらけの肌を脱ぎ捨ててしまいたいという願望を象徴するものだった。わたしは、十三歳でいることがあまり得意ではなかったのだ(得意な者がいるだろうか?)。大人の世界の一員になりたくてたまらなかった。おぼろげにしか理解していない世界の一員に。さらには、こう考えるようになった。大人になることは本を読むことと関係しているのだ、と。その場合の読書は想像力や感情を改革するためのものだった。自分が置かれた環境から抜け出すというよりは、わたしという人間から抜け出す術が必要だった。言い換えるなら、わたしが求めていたのは単なる脱出ではなく、新たな入り口であり、一冊の、いや何冊ものパスポートだったのだ。時の経過とともに単に年齢を重ねただけの自分になるためではなく、異なる自分に——なりたかった自分に——なるために。

一九六七年に出された『彷徨《ほうこう》』で、フランク・コンロイはわたしと似たような経験を思い起こしている。彼は、自身の文学への加入儀式について以下のように語っている。当時コンロイは、アパー・イースト・サイドの高校生だった。

来る夜も来る夜もわたしはベッドに寝そべり、かたわらにコップ一杯のミルクと箱入りのオートミールクッキーを置いて、夜中の二時か三時ごろまでペーパーバックをかたっぱしから読んだ。なんでも読んだ。地元のドラッグストアの棚にあるフィクションはすべて買った。D・H・ロレンス、モラヴィア、スチュアート・イングストランド、オルダス・ハクスリー、フランク・ヤービー、メイラー、マーク・トウェイン、ジッド、ディケンズ、フィリップ・ワイリー、トルストイ、ヘミングウェイ、ゾラ、ドライサー、ヴァーディス・フィッシャー、ドストエフスキー、G・B・ショー、トマス・ウルフ、セオドア・プラット、スコット・フィッツジェラルド、ジョイス、フレデリック・ウェイクマン、ジョージ・オーウェル、マッカラーズ、レマルク、ジェイムズ・T・ファレル、スタインベック、モーパッサン、ジェイムズ・ジョーンズ、ジョン・オハラ、キプリング、トーマス・マン、サキ、シンクレア・ルイス、サマセット・モーム、デュマ、そのほか何十人もの作家の作品を読んだ。十ブロック離れた公共図書館や、マディソン街のワムラス貸本屋から借りてくることもあった。当時のわたしは一冊の本をあっというまに読み終えた。批判することもなく、内容は読んだはしから忘れた。想像の中で自分の人生から逃げ出し、別の人生に飛びこむこと、ただそれだけを求めていた。安全な自分の部屋で、ミルクとクッキーを手に内なる世界へ潜りこんでいたのだ。現実の世界は消え、わたしは空想の世界を自由に漂いながら、異なる千もの人生を生きた。どの人生も、自分自身の人生より力強く、身近で、本物らしかった。

コンロイが挙げた作家のリストをみてほしい。そうそうたる面々の作品を見境なく読んでいる。（ある種の）青年たちがどんなふうに本を読むのか、その本質がみえてくるだろう。そして、わたしたちを変え、わたしたちの感情のＤＮＡを変えてしまう本の力を、かすかに感じ取るだろう。重要なのは、読書を発見への旅ととらえ、自分の内面世界の発掘ととらえることだ。誰の本を読むかはたいして問題ではない。ともかくはじめのうちは、思い切って読書の世界へ飛びこむことが大切なのだ。コンロイの熱中の仕方は軽薄だ、という人もいるかもしれない。手当たり次第に片端からむさぼり（行き当たりばったり作戦で、読みたいから読むのではなく、手に入ったから読み）、「一気に読み終え、批判もせず、内容は読んだはしから忘れる」読み方は、コンロイが求める内面の模索とは正反対のものだという人もいるだろう。だが、わたしはこう考える。より正確にいうなら、コンロイにとっての読書とは、自分の居場所の地図を作るためのひとつの方法だったのだ、と。そもそも、先の引用箇所で彼が示しているのは、自分の世界の骨組みを作るための第一歩である。コンロイとわたしは同世代ではない。彼は一九三六年生まれだが、それはわたしの父が生まれた年だ。にもかかわらず、一九七七年の春、ニューイングランドの寄宿高校の二年生のときに『彷徨』を読んだ瞬間、わたしはもうひとりの自分と出会ったように感じた。とても他人とは思えなかった。そして、自分も、他の人々と違って現実世界に順応しきってしまうことができないのだと心の底から思った。コンロイもまた、早いうちからみずからの死すべき運命について考え始め、生涯変わることなく考え続けた。「自分たちは、この死体や不純物だらけの世界に点在する生者であり、こんな世界に耐えられるのは、砂やサンゴや水や死んだラバくらいだ」と考えていたのだ。もちろん、アパー・イースト・サイドでの体験も共通している。コンロイが暮らした景色の中でわたしも暮らした。同じ通りを歩き、同じ映画館へ通い、同じ地下鉄に乗った。彼の本を読むと、歩道から熱気が立ちのぼり、かげろうとなってゆらめく様が目に浮かんでくる。

　コンロイとわたしの最大の共通点は読書体験だった。手当たりしだいなんでも読むこと、そして、本を避難所としてとらえていること。何より驚いたのは、コンロイの挙げた作家たちを、わたしも同じ年齢で読んでいたことだ。フィリップ・ワイリーさえ同じだった（この名をきいてもたいていの人は首を傾げるかもしれない）。ワイリーの名は、世間から忘れ去られていると思う。だがワイリーは、一九四〇年代にベストセラーになったノンフィクション、『蝮《まむし》の子ら』*や、ＳＦ小説『地球最後の日』*の作者なのだ。わたしが特に大好きだったのは、『密輸された原子爆弾』*と『イルカと話すスパイ』*だ。どちらも、小学校五年生か六年生のときに、学校の古本市で買った。だが、コンロイ同様わたしも、その二冊はあっというまに読み終え、すぐに忘れてしまった。だから、どんな内容の本だったかを話すことはできない。しかし、ワイリーについてひとつだけ覚えていることがある。彼には姪《めい》がひとりいたが、彼女はルームメイトと一緒に、アパー・イースト・サイドのアパートで殺された。この事件が起こったのは一九六三年で、わたしがはっきりした記憶を持つ以前のことだ。だが、いくつかの理由で——おそらく、ひとつには殺人事件が近所で起こったためと、この事件がきっかけとなって連続テレビドラマ「刑事コジャック」が作られたためだ。わたしはこのドラマの熱心なファンだった——、物心つく前に起こったこの殺人事件は、後々までわたしの心に強烈に焼きついていた。

この一件は次のようなことを暗示しているのではないだろうか。作家がいくらアウトサイダー的な立場にいても、作家も作品も世界から隔絶して存在することはできない。それどころか、世界の中にいる。そして言葉や物語や文学の中にこそ、単なる逃避ではなく、ずっと複雑で、いつまでも消えない人と人とのつながりの本質があるのかもしれない。わたしも、これについて明確な説明はできない。そんな気がする、というほかない。ただ、あくまでぼんやりと、そう感じ始めている。わかり始めている、とまではいえない。昔ならこんなことをだれかにたずねられても、何をいわれているのかわからなかっただろう。だが長い年月のうちに、わたしには文学の本質的な部分がみえてきた。最初の手がかりのようなものといってもいい。それはつまり、本とは一対一で向かい合うものであるという意味において基本的に関わり合いそのものであり、本は背景を必要としており、作家の立場や環境を映し出すとともに、ひとつの状況、ひとつのストーリーを提示する、ということだ。コンロイが、読書にまつわるとりとめのない覚え書きを、こう認めることで締めくくったのも偶然ではないのだ。「作家になろうと考えたのはそのころのことである。ある三文小説にこんな場面があった。主人公がカクテルパーティで職業をたずねられ、こう答える。『作家です』。わたしは本を置いてこう考えた。なんて美しい答なんだろう、と」。そのとおり、美しい。本の中の会話に入りこむことも、本の中の世界の地図を描くだけでなく、その世界の創造に参加することも。

もちろん、これは作家だけでなく読者にもあてはまる。わたしたちは作品の中に入りこみ、作品の中のいたる所に出没して、文章に命を吹きこむ。カート・ヴォネガットが、文学とは観客自身が楽譜を演奏できる唯一の芸術だと語ったことがある。彼にとってはなにげない言葉だったかもしれないが、さすがに核心を突いている。読書は一種の瞑想《めいそう》だ。おそらく、わたしたちが、別の人間の意識と同化できるただひとつの方法だ。本を読むということは、その本を所有するということだ。わたしたちは、ひっそりと待ち構えている言葉たちに命を吹きこむ。いっぽう、本も読者を所有する。

考えや意見を差し出してきてはわたしたちの頭をいっぱいにし、あなたの一部にしてくださいと呼びかけてくる。コンロイもまた、こうしたことをいおうとしていた。本は、わたしたちを他者の経験に直接触れさせることで、わたしたちの内面を広げてくれるのだ。

子どもの頃は手当たり次第に読んでいたが、同時に、深くのめりこんで読んでもいた。気に入った本は友人のように感じ、崇拝さえした。中学生のとき、わたしは自分の蔵書を整理した(すでに、単なる読者ではなく収集家になっていた。わたしの部屋には、床から天井まである本棚が大きな壁にいくつも並んでいた)。お気に入りの作家——ヴォネガットやマリオ・プゾーもあったが、フィリップ・ロスやE・L・ドクトロウ、ジョゼフ・ヘラーもあった。このとおり、わたしは自分の日常とかけ離れた世界を描いた本に惹かれていた——は壁の中央の棚に並べ、ほかの本はそこから放射状に配置していった。頭の中では、自分の本棚が仮想の〈文学都市《リトロポリス》〉を構成していた。中心部から離れるほどに、語るべき重要性の低い作品が並んでいる。都の住人を増やすために、わたしはセール本や古本を買ってきた。きいたこともない作家の本も多かった。コナー・クルーズ・オブライエン、サム・グリーンリー、L・フレッチャー・プラウティ、リチャード・コンドン、R・V・キャシル、ロバート・リマー、フレデリック・フォーサイス、ラディスラス・ファラゴ。読んだものもあれば読まずじまいに終わったものもある。リマーの『青い触れあい』*は、わかりやすい理由で思春期の少年好みだった。グリーンリーの『ブラックミッション』*やプロウティの『シークレット・チーム』*もそうだ。この二冊は、その頃わたしが抱きつつあった政治への不安を助長することとなった。そして、その不安をいっそうあおったのが、ウォーターゲート事件であり、エイブラハム・ザプルーダーが撮ったケネディ暗殺の八ミリフィルムだった。〈アーゴシー〉誌の裏表紙に広告がのっていたこのフィルムを、わたしは注文した。二十ドルだった。読んだものも読まないものも一緒に、それらの本は本棚に並んでいた。このようにしてわたしは、リトロポリスの地図を頭の中に作ろうとしていたのだ。とはいえ、わたしはこの試みをあまり大げさに考えたくない。これは今になってみると、本の世界を何か実体のあるものに変えようとした戦略だったように思える。そうでもしなければ、その世界はとらえどころのない抽象的な観念の集まりにしかみえなかったのだろう。直接的な比喩で考えることで、自分の興味や好みや欲望や、憧れさえも受けとめ、本という実体のあるものにして、現実世界に位置づけたのかもしれない。

　こうしたことは、思考と行動とのあいだに新たな緊張関係を生むことになる。だがおそらく、その緊張関係は奇妙な調和を生む源でもある。長年、わたしは読書を物質化（こう呼ぶ以外にしっくりくる言葉がみつからない）していた。どこかの街へいけば、そこの本屋によってその街を理解し、旅から帰ってくれば、そのあいだに読んだ本によってその旅のことを思い出した。大学を卒業した年の夏、わたしは恋人のレイと一緒に、バックパックひとつでヨーロッパ中を旅行した。レイは美術館を回り、わたしは本屋を渡り歩いて、アメリカではまず手に入らない本を片端から買いあさった。トーマス・マンの『ヨセフとその兄弟』のペンギンUK版、フィリップ・K・ディックとトマス・M・ディッシュの小説のパン・ブックス版とパンサー・ブックス版。マーク・トウェインの『トム・ソーヤーの探検』と『トム・ソーヤーの探偵』を一冊にまとめた古本まで買った。そのくたびれた本は、セーヌ川左岸のシェイクスピア・アンド・カンパニー書店で二フランだった。本屋めぐりの魅力は、店自体にもある。書店はランドマークだった。いや、わたしにとっては聖地でもあった。そんなわけで、ニューヨークのストランド古書店やサンフランシスコのシティ・ライツ書店へいったときは、本というより文学の面前へ出たような気分に陥ったものだ。そこにあったのは、書物というものの原初にまでさかのぼる、人間の終わりなき会話だった。ホメロスと聖書が、ヴォネガット、ヘラー、ロス、マン、プゾーと入り混じっている。それらは巨大な混沌の一部だった。際限なく増え続け、個々人の一生の手に負えるものではない。まるで生き物だ。たとえば、ロワー・マンハッタンのスプリング・ストリート書店のような、お気に入りの本屋へ入っていくとしよう。店内の様子、におい、壁を覆っていたり、新刊案内のテーブルに積まれたりしている書物の量。それらが、たちまちわたしの下腹を打つ。とたん、腹がごろごろいい出し、括約筋《かつやくきん》がきゅっと締まる。トイレへ駆けこみたくなるし、気持ちは高ぶる。心身が一緒に反応するのだ。わたしはこの感覚が大好きだった。その、力が湧いてくる感じが。その、沈んでゆく感じが。いや、沈むというよりは、コンロイが列記した作家たちの世界へ浸りきり、没頭する感じだ。今この瞬間にも、わたしはその感覚を生々しく呼び起こすことができる。残念ながらスプリング・ストリート書店は十五年前につぶれてしまったが。自宅にいても同じ感覚に襲われることがある。いくつもの本棚から一冊の本を探すとき、わたしの指がなでるのは、本の背、いくつもの思い出、なるほどと思った作品、または納得のいかなかった作品、文化的がらくた、またはノイズ。

ヨーロッパ旅行が終わるころには、本を大量に買いこんだおかげで、スーツケースをひとつ買わなければならなかった。フィラデルフィアへ降り立つと、税関の役人に、なんのためにアメリカを発ったのかとたずねられた。わたしにはどうにも説明できなかった。旅の目的はこのスーツケースの中にあります、などといえるだろうか。レイの一番の思い出は、フィレンツェでひとりの老人と出会ったことだった。その老人は、わたしたちに、ウフィツィ美術館を案内してあげようといってくれたのだ（イアン・マキューアンの『異邦人たちの慰め』を思い出させる出来事で、わたしはその本も買って夏のあいだに読んだ）。わたしの場合は、ロンドンで思いがけなく出くわした本の屋台だ。そうしたことを、税関の役人にどうして伝えられるだろう。ところで、その屋台のかつての持ち主は、スコットランドの小説家、アレグザンダー・トロッキだった。わたしは、そのころも今も、トロッキの作品に深い愛着を持っている。〈トロッキ・レア・ブックス〉と呼ばれていたその屋台――あれから二十六年近く経った今でも、わたしは財布の中にその店の名刺を入れている――は、キングス・ロードの古物市の中にあった。そこを出るとき、わたしはトロッキその人の問題作である一九六〇年の『カインの書』*のサイン入りペーパーバックを手にしていた。オリンピア・プレスの緑の表紙のトラヴェラーズ・カンパニオン・シリーズから出ていた、フランク・ハリス名義の『わが生と愛』の第五巻（本人の執筆による四巻目までが出版されていた。五巻は遺稿を元にトロッキが仕上げたといわれている）も買った。一九五四年、トロッキがオリンピア・プレス社長のモーリス・ジロディアスのためにまとめ、手を加えたものだ。広く知られている、文学的悪ふざけのひとつである。

当時のトロッキは新たな魅力を備えた作家だったが、いっそうその魅力をかきたてたのは、『カインの書』と一九五四年の『ヤング・アダム』（こちらは実存主義恐怖小説。グラスゴーの河川貨物船で雑役夫として働く男が、真実を知りながら無実の男に殺人の罪を着せて絞首台送りにする）以外、手に入らなかったことだ。原因は明らかだ。トロッキの作品の大半は文学界の辺境に位置する。『自由な男』* という題名の詩集や、わずかな翻訳書や、いわゆるdbs、つまりダーティ・ブックスと呼ばれるシリーズをみればわかる。dbsは、一九五〇年代に、ジロディアスのために買い取り契約で書かれたものだ。それにくわえて、トロッキの魅力が容赦ない強烈な美学にあることも理由だろう。それは、型どおりの道徳には目もくれないひとつの小王国をなしている。そこでは善も悪も、罪深さも純真も、「便宜的な社会的虚構」にすぎない。そして、芸術家の責任とは、何者にも侵されることなく何者とも関わることなく存在することだ。「〈あたかも〉常識的な区分に根拠などないかのように振る舞えば、実際その通りなのだという理解はあとから少しずつ得られるものだ」。トロッキは『ヤング・アダム』の中でそう宣言している。中でもすばらしいdbs（『革ひも』*、『白い太腿』、『ヘレンの欲望』）と『カインの書』（この題名にふさわしい内容だ）は、トロツキの決して変わることのないこの考えを反映している。トロツキは『カインの書』の終わりのほうで、こう記している。「終わりに近づいた今も、自分のなしとげたことを評価する気にはならない。芸術的、文学的な観点からはどうだ？　――時折そんな言葉を目にするが、芸術も文学も俺のしていること、暴いているもの、隠しているものとはなんの関係もない。物語が終わろうとする今、俺は依然としてここに座り、書き続けている。だが、いいたいことを語り始めてさえいないような気がしている。うわべの正気はまだ保っているし、自分の自由も責任も感じている。そしてあいかわらず世間からは孤絶している」

このような作家の魅力とはなんだろう？　トロッキはさまざまな点で、コンロイが描き始めた放物線の自然な終点となっていたし、今もそうだ。結局は、どうせ人間は死ぬんだというニヒリズムと、常に社会から孤絶していなくてはならないという不安が混ざり合っている作品なのだ。ただし、コンロイにとってこれらは哲学的な問題ではなく、個人的な資質の問題だった。そう考えたというより、そう感じていたのだ。『彷徨』には、初めと終わりに短い章がひとつずつ入っている。どちらも、酔っぱらって夜更けのイギリスの田舎道を車で飛ばしたことを回想する場面だ。終わりのほうの章は、主人公が噴水の中で吐く場面で終わる。その少し前に、彼はハンドルを切りそこねて噴水の低い縁石に激突したのだ。事故が避けられないと気づくと、主人公は考える。「どうやら、ぼくは死ぬらしい。目の前の噴水が大きくなるにつれ、気持ちが楽になってきたのを感じた。運転席のドアのほうに体を傾ける。くるならこい。激しく、速く、こい。ハンドルを少し切って、衝撃がぼくの体の真横を襲うようにした。ほら、こい！　こい！」圧倒的な場面だ。高揚とあきらめがせめぎ合うなか、主人公は目の前に迫った破滅をみつめてこう叫ぶ――こい！　主人公は向こう見ずで、愚かな虚勢を張っているだけなのだが……それでも、抗えない運命に、死の深淵を凝視しようとする強い意志に、胸を打たれてしまう。初めて『彷徨』を読んだときは、かなりのショックを受けた。なぜ自己を抹消し、闇へ向かえとけしかけてくるのか。その意味が理解できなかった。人生はあっというまに終わってしまうというのに、なぜみずから死へ向かう？　向こうからやってくるのを待っていればいいのに、なぜ自分からそれに飛びこんでいく？　だがトロッキもさまざまなやり方でこれと同じことを書いているのだ。ただし、彼のありかたは感情的ではなく理知的だ。思想を文学化したものといってもいい。たとえば『革ひも』ではSM用語を持ち出して、ブルジョワジーの偽善を暴いている。彼らは陳腐な道徳規範を口先では支持しながら、自分たちの恥ずべき秘密や、口にできない欲望はひた隠している、という。トロッキは「ブルジョワジーが〝暮らし〟と呼びならわしている生ぬるい代物」を手厳しく批判しながら、こう主張している。「命が絶えるほどの情熱を燃やして」のみ、わたしたちは「無限なものへの欲望」にふけることができるのだ、と。しかし、その行き着く先は死だ。

この主張が空理空論だという印象を読者に与えないよう、トロッキは一言一句を命がけで書いている。『カインの書』が出版されたとき、彼はすでに麻薬中毒者で、同書が〝哲学的選択〟とたたえている状態にあった。アメリカのロック・ミュージシャン、ルー・リードは「人生をなかったことにしようと決めた」と、「ヘロイン」という曲の中で歌っている。トロッキの霊と交信でもしているような曲だ。虚無的なところも似ていれば、薄い皮膚一枚に包まれた人間の人生など、どんな立派なものであれ死への屈服への旅にすぎないという信念も似ている。『カインの書』のあと、トロッキが長編作品を書きあげることはなかった。『ロング・ブック』という長編小説を書き出したが完成させられず、一九六〇年代のイギリスの反大学闘争を扇動し、ヘロインを打ち続けていた(「トロッキは自分を強い人間だと信じていました。精神面でも、肉体面でも」と、トロッキの著作をイギリスで出版したジョン・カルダーは当時を振り返っている。「だから、どんなものにも侵されるはずがないと考えていたのです。しかし当然ながらあっというまに中毒になり、死ぬまで麻薬を手放せませんでした」)。

しまいに、トロッキは、愛したものも大切にしたものもすべてを失うはめになった。家族を、作家としての能力を、自分自身を。このような喪失はすべての人間に訪れるのであり、人間はみな露のようにはかなく消えていくものだ――そう知ってわたしは苦い慰めを感じた。

　こうしたことが、当然ながらトロッキに魅了された理由の一部だった。二十二歳のころ、わたしはこの過激な作家に惹きつけられ、こう思ったものだった。感傷という感傷を最後のひとかけらまで排除せよ、という彼の主張にはどこか勇ましいところがある、と。いや、今もそう思っている。たとえ、トロッキ自身が、そんなことは不可能だと認めていたにせよ。彼の本を読んでいると、実存主義者が書きかえた仏教の四つの真理に出くわしたように感じる。①人生は苦痛である。②苦痛の原因は執着である。③苦痛を止めることはできる。④苦痛から逃れる道はある。そう八正道だ。彼はまるでジャック・ケルアックとアルベール・カミュの子どものようだ。ケルアックのように、第一の真理で横道へ逸れ、第二の真理で身動きが取れなくなった。そしてカミュのように、真に苦痛を止めるには意識を止めるしかないと考えた。カミュの場合、そのような矛盾は不条理を受け入れることでおのずと解決した。「シーシュポスは幸福だったと考えるべきだ」とカミュは書いている。トロッキの場合、その言葉さえろくに役に立たなかった。「人生など意味がない、と君はいう」。彼は『革ひも』の中でそう書いた。「そこで君はこう考える。人生を拒むことで自由を主張しよう、と。だがきみのやっているほかのことと同じように、自殺にもまた意味はない」

これこそ、最良の文学、もっとも強烈な文学がわたしたちに突きつけてくるものだ。文学は日常の雑音や雑事を切り裂いて、この真実を突きつけてくる。この発見にはどこか胸おどるものがある。深い真実に到達したとき、人は本当の意味で超越的な存在になれるからだ。わたしは文学の後世における評価について話しているのではない。後世があると考えることと自体が幻想だし、後世において本は魂というより墓標のようなものだ。そうではない。わたしが考えている文学とは、純粋な表現のための声であり、闇の中の叫びだ。無益であるからこそ、文学は気高い。そこからは何も生まれず、だれも救われない。だが、文学は読むに値する。にもかかわらず、こうしたことが理由で、おそらくトロツキは――コンロイもほとんど同じだが――本質からはずれたものの象徴になってしまっている。人間の根源的な葛藤を表す作家とか、自分自身から逃れられないアウトサイダーの葛藤を表現する作家の象徴になってしまった。わたしたちと同様、トロツキもまた雑音を完全に無視することは最後までできなかった。食べなければならず、眠らなければならず、支払いをし、生身の人間としてこの世に身を置かねばならなかった。デヴィッド・シールズは『リアリティへの渇望』*の中で「人生とは大部分ががらくただ」と述べ、「芸術に捧げた」生がどんなに早くすり減ってしまうかを示した。トロッキの場合は生活していくために稀覯本《きこうぼん》の本屋を始めた。わたしは、あの屋台でもう少しでトロッキに会えるところだった。今でも、古物市に立っていたときのことを思い出す。わたしはコインや宝石を売る店の中にぽつんとあったあの本の屋台で、中年の店主に、トロッキの本を知っているかとたずねた。店主は背が高く体格のいい男で、髪は白く、額の両脇が後退していて、ツイードのジャケットを着ていた。〝正真正銘のイギリス人〟。もしそんな必要があったのなら、わたしはその店主のことをそう描写しただろう。トロッキの名をきくと、店主はかすかに笑った。まるで何かをたしかめ直すかのように。それから、きみはこの店の名を知っているか、とたずねた。知らないと答えると、店主はジャケットから名刺を取り出してわたしにくれたのだ。

状況を理解するのに一分ほどかかった、といっておきたい。一瞬、意識がばらばらになったように感じたのだ。いや、一瞬のうちにすべてをみた、といったほうがいいかもしれない。物事がきれいな円を描くのを目の前でみているようだった、と。どちらともいえるだろう。どのみち、よく覚えていないのだ。思い出せるのは、店主が少し面白がるような表情を浮かべ、悪い予言でもするように低い声でこういったことだ。

「これはトロッキの本屋だ」

　わたしは「なんですって？」と答えたかもしれない。あるいは「まさか」。いや、「信じられない」だったかもしれない。鼓動が早くなったのを覚えている。トロッキと自分との境界線が崩れていくのに気づいていた。説明のつかない偶然と縁が目の前に立ち現れたのだ。本を読んでいると、これと似たような気持ちに襲われることはしばしばある。だが、三次元の世界ではほとんど経験がなかった。書店に入ったときに訪れる、奇妙な身体的反応くらいのものだ。あのときも、腸が動いて血が体中を駆けめぐった。トロッキの屋台にぶつかったのは偶然だった。古いペーパーバックが並んだ棚や、いくらでも掘り出し物がありそうな様子に目を引かれた。わたしはありふれた方法でトロッキの本を探していたにすぎない。それが、トロッキ本人へつながる通路へ行き当たったのだ。「トロッキさんはここにいらっしゃるんですか？」ふと気づくと、わたしはたずねていた。「会えるんですか？」店主の顔がこわばり、眉間にしわがよったので、わたしは、何か気に障ることをいってしまったのだろうかと考えた。そして、ふいに思った。この男性はこの屋台を任せられているのだ、本を売るだけでなく、わたしのような客をあしらうのも彼の仕事なのだ、と。『謝ったほうがいいだろうか？』

わたしは考えたが、そうするより早く、店主が穏やかな仕草でわたしのひじをつかんだ。どこかへ連れていかれるのだろうか。トロツキから遠ざけられるのだろうか。しかし、店主はわたしのほうへ少し前かがみになり、悲しげなのか抑えているのかわからない声でいった。「トロツキは二カ月前に死んだよ」

四半世紀経った今でも、あの瞬間のことは鮮やかに覚えている。わたしはその場に立ちつくして、チャンスが失われた痛みをほとんど全身で感じていた。願ってもないチャンスのすぐそばまで迫っておきながら、それが目の前でついえたのだ。だが厳密には、わたしが感じたのはこれだけではなかった。そもそも、トロツキが生きていたら、自分は何をしたのだろう？　何をいったのだろう……いや、トロツキはわたしに何をいっただろう？　振り返ってみると、このとき、わたしはほっとしていた。トロツキが死んだことにではなく、届かない存在になったことに。これで、わたしが彼の本から作り上げた彼のイメージは、だれからも文句をいわれなくなった。

ここに、読者側の難問がみえてくる。読者にとって作家の言葉や文章は近しいものだが、それにくらべると、作家の人柄や時代といったものにはどうしても距離を感じてしまう。長年、わたしは多くの作家に実際に会って話をしてきた。どの作家の作品も、自分を変えてくれた。ヴォネガット、ロス、ヘラー、アレン・ギンズバーグ、ウィリアム・S・バロウズ、ノーマン・メイラー、ジョーン・ディディオン。たいていの場合、彼らとの対話は非常に興味深かった。ところが、最高の時間を持てたときでさえ、どこか物足りない気分になった。本を読んだときの親密さや内面性が感じられない。もちろん、今では当然のこととしてこう考えている。本物の関係は作家とではなく作品と結ぶものであり、深い共感を覚える言葉はページ上に記されているものだ。それでも、わたしは何年にもわたって、現実世界でのつながりが少しでもみつからないか、と探し続けていた。作家と読者のあいだにみつからないのなら、作家と作家自身のあいだにみつからないかと考えた。一九八六年、レイと一緒にアメリカ大陸横断の旅をしたとき、わたしはジャック・ケルアックの『オン・ザ・ロード』をガイドブック代わりに使っていた。移り変わる風景をみながらその本を読むことには、啓示めいた何かがあった。手元の本の中では、サル・パラダイスとディーン・モリアーティも、わたしと同じように、「未開の土地が太平洋沿岸まで信じがたい巨大なふくらみとなってうねり、あらゆる道が通じ、この土地の果てしなさに夢を抱いている人びと」を感じているのだ。ネブラスカ州のノース・プラット――わびしい平原の町だ。工場ばかりで、活気がなく、川岸から土ぼこりが舞い上がる――に着くと、この町のケルアックの描写にうなずいた。

ノース・プラットの空気は何かが違っていたが、それが何かはわからなかった。答がわかったのは、それから五分後のことだ。ぼくたちはトラックへもどり、けたたましいエンジン音とともに出発した。あっというまに辺りが暗くなる。ウィスキーを回して一口ずつ飲んだ。ふとみると、プラットの青々とした畑が消えはじめ、そのかわりに、茫漠《ぼうばく》たる平たい荒れ地が目の前に現れてきた。砂とヤマヨモギにおおわれている。ぼくはその光景に目を奪われた。

「なんだ、あれ？」スリムにむかってどなる。

「ここから放牧地がはじまるんだ。もう一口酒をくれ」

これこそ、三次元の文学だ。ケルアックの決断力への個人的な憧れはさておき、この文章はたそがれ時の灰色の光や、町や、川を正確に映し出している——「明るく輝く星がいくつも夜空に現れ、遠くのほうに並ぶ砂丘がかすんでいった。ぼくは一本の矢になったような気分だった。はるか向こうまで飛んでいけるかのように感じた」

その二年後、わたしはカナダ、ブリティッシュ・コロンビア州のバンクーバー郊外にあるドラートンで、似たような経験をした。そのころにはレイと結婚しており、新婚旅行の途中でドラートンの浜辺を訪れたのだ。マルカム・ラウリーと妻のマージョリーは、公有地に無断で建てた掘立小屋で十年以上暮らしていた。わたしたちは、晩年に書かれた「泉へ続く森の小道」*という短編に出てくる小道を歩いてみた。「入り江の土手に沿って歩いていった。スノーベリーやキイチゴ、小さな茂みのあいだを進む。右手を見下ろすと海が広がり、真下の浜辺に建ち並ぶ家の屋根板もみえる。家々は小さな三日月形の入り江を囲んでいる」。わたしたちは岩がちの浜に立った。ここでラウリーは、無常と常住のあいだをあぶなっかしく浮遊しながら十年以上の歳月を過ごしたのだ。そこには彼の痕跡は残っていない。建物の土台の跡も消え、流木ひとつ落ちていなかった。ここでもまた、消失だ。圧倒的な喪失感とかすかな虚無感。はるか昔から、わたしとラウリーのような関係はあったのだ。ラウリーはケルアックやトロッキと同様、破綻《はたん》した夢想家のひとりだった。アルコール依存症で、一九四七年に『火山の下』を出したあとは作品を書き上げることはなく、一九五七年に不安定な生活環境の下で死んだ。四十八歳になる一カ月前だった。ところが、興味深いことに「泉へ続く森の小道」はじつに穏やかな作品だ。そして、場所の描写の細やかさはそれ以上に興味深い。

想像してほしい。ある日の午後、街から遊覧蒸気船に乗って入り江を進み、北の山脈へ向かう。まず、出発点の街の港には世界中からやってきた大きな貨物船が停泊していて……造船所もいくつもあり、右舷《うげん》をみやると、線路が走っていることに気づく。街からのびる線路は岸を走り、石油精製所を抜け、切り立った崖のふもとを過ぎ、木々におおわれた高い丘へのぼり、ポート・ボーデンへ入っていくと、カーブの向こうでみえなくなる。ずっと先まで山々を越えていくのだ。左舷に目を向けると白い山頂がみえる。斜面に植林された木立が大きく広がる山の下には、干潟や、砂利採取場や、ネイティブ・アメリカンのリザベーションや、はしけの会社がみえる。やがて、野バラが咲き乱れ、アイサが巣を作っている場所がみつかるだろう。そこは灯台の建つ岬だ。その岬をまわりこんで灯台を尻目に進み、湾を突っ切っていく。そうしてたどり着くのが、この場所だ。わたしたちの小屋が浜辺の木々の下に建っている。そこに、エリダヌス座の下に、わたしたちは住んでいる。土手に沿う小道が、わたしたちの小道だ。

ラウリーの暮らしていた浜にレイと共にたたずんで入り江をのぞむと、そのすべてをみることができた。ラウリーが三十年以上前に記したものをすべて。まるで、彼の文章がこのような風景を創り出したかのようだった。四半世紀が過ぎた今でも、あの眺めを心の中にみることができる。海に沿って傷跡のような曲線を描いた浜、石油精製所、干潟、うしろにそびえていた山々、湾の静けさ、海面を優しくなでていた日の光。それから今日まで、こんなふうに本に出てきた場所を三次元の世界で子細に眺め、その光を頭の中に正確に結ぶという体験をしたことはない。そのとき、わたしはこう思ったものだ。ラウリーの筆力はそれほど優れているのだ。そして、これこそ、もっともとぎすまされた言葉がなしとげることなのだ、と。言葉は距離を消し去り、読者を作家の思考だけでなく知覚にまで入りこませる。そうして、たとえつかの間とはいえ、わたしたちは文字通り彼らの目ですべてをみるのだ。もちろん、それは錯覚だ。インクと紙がしかけるトリックだ。すべての文学や芸術は単なる構造物であり、創作物であり、もろい欠陥品であり、記号によって人間の本質を繰り返し映し出そうとする試みだ。だが、それは勇敢な試みだ。失敗することがあらかじめわかっているとなればなおさらだ。この点をポストモダニストは理解していない。たしかに文学はゲームだが、それは深刻な結果を招くゲームであり、その過程でわたしたちは、互いの埋めがたい価値観の相違を越えて交流する。「黙して書き、黙して読む」。E・L・ドクトロウは、文学における隔てられた人間同士の一風変わった親密さをこう表現した。

そのとおりだ、とわたしは思う。緊張とバランス、自分は世界の中にいると同時に世界の外にもいるのだという感覚、作家と読み手のあいだの攻防、文学が創り出す想像もつかないプロセス。

そんなふうに本を読むようになって何年も過ぎた。現実の世界にそのモデルを探し、本の中の時間と場所を現実の時間と場所にあてはめようとした。にもかかわらず、アパー・イースト・サイドも、ネブラスカ州のノース・プラットも、ドラートンの浜辺も、ある意味ではロンドンで出くわしたトロッキの本屋も、わたしにとっては、現実の世界と本の世界、両方に同時に存在している。「わたしは、もっぱらみつけるために書く。自分は何を考えているのか、何に直面しているのか、何がみえているのか、それは何を意味するのか。何が欲しいのか、何が恐ろしいのか」。ジョーン・ディディオンはニューヨーク・タイムズにのせた「わたしが書く理由」というエッセイの中でそう述べた。ディディオンはこの言葉で、こんなふうにして作家と読者は互いに力を与えている、とはっきり示しているのだ。あるいは、少なくともわたしはそう信じていた。ところが、あるときふと、本であふれたアパートで気づいたのだ。もはや自分の中に、本を読むために必要な静寂を見出せないということに。

「必要欠くべからざる静寂をみつけられなかった」。ずいぶん大げさな言い方だ。いや、大げさなのではなく、単純化しすぎている。これでは、いやがるものを無理矢理枠に収めているようなものだ。それでも、だれもがうなずいてくれるだろう。本を読むにはある種の静けさと雑音を遮断する能力が必要だ。過剰にネットワークが張りめぐらされたこの社会では、それを得ることは次第に難しくなっているようだ。あらゆる噂がブログに書かれ、ツイッターでつぶやかれる。深く考える機会は少なくなり、注意力は散漫になっていき、ネットでは事情通の連中があらゆる情報を提供してくる。このような状況では、知識は幻想に取って替わられる。じつに魅力的な幻想に。ネットの世界はこう断言する。スピードこそがわたしたちを事実の解明へ導き、深く考えることより瞬時に反応することのほうが重要で、わずかな時間も無為に過ごしてはいけない、と。そこに、わたしたちの抱える読書の問題が端的に表れている。なぜなら、本を読むには、それとまったく逆の姿勢が必要だから。余裕を持って深くのめりこむ姿勢こそ大切なのだ。モナ・シンプソンは二〇〇一年、LAウィークリー紙の『戦時下の読書』をテーマとした紙上討論でこう述べた。「9・11から、わたしはニュースを知ろうとして本を読むことはやめました。性質上、本には十分に新しい情報が載っているとはいえません」。シンプソンは本を読むのをやめたといっているわけではない。むしろ、まるで時間が早送りのように過ぎていくこの時代に、本を頼りに時間の急流から身を引き、現在から距離を置こうとしている。そうすることで、本来の人間のありようを取りもどそうとしているのだ。

本離れの原因はいささか違っているものの——わたしの場合は、重大な事件ではなく、現在進行形のつまらないことが理由だ——結果はたいして変わらない。わたしの集中力はこま切れになり、カルチャーに関する世間の騒ぎや、だれかれのブログの更新や、新しいニュースや、とにかく、ネット上のあらゆる叫び声がつい気になってしまうようになった。大人になってからは、ロスの『ゴースト・ライター』に出てくるE・I・ロノフと同じく、読書をするのはもっぱら夜が多かった。レイと子どもたちが寝てから、百ページかそこら読むのだ。ところが最近では、パソコンの前で数時間過ごしてからでないと本を手に取らなくなった。一段落ほど読むと、すぐに気がそれて心がさまよい始める。すると、わたしは本を置いてメールをチェックし、ネットサーフィンをし、家の中をうろついてからようやく本にもどるのだ。あるいは、そうしたい気持ちを抑え、無理にじっとして本を読むこともあるが、結局いつものパターンに身をまかせてしまう。わたしを悩ませているのは、邪魔をしてくる雑音や、それの中に好奇心を満たしてくれる何かがあるだろうという期待だ。だが実際のところ、ネット上に散らばっているのは使い古しのテーマや浅い考え、意見の断片などがほとんどだ。それらは、総じて時代への不安を表している。

なぜこんなことになったのだろう？　理由より時期を示すほうがてっとり早いかもしれない。この状態は二〇〇六年の秋の終わりに始まった。初めて高速インターネット回線をつないだときからだ。それまではわたしも逡巡《しゅんじゅん》していた。自分が、膨大な情報を一瞬で手に入れる楽しさに夢中になることはわかりきっていたからだ。実際、二〇〇八年の大統領選挙のときにはパソコンをフル稼働させた。あの年は、ネット回線につないでいないときのほうが少なかった。ニュースサイトや選挙の分析サイトをひっきりなしにチェックし、白熱した選挙運動を観察した。パソコンの前に座るわたしの姿が今も目に浮かぶ。いくつものウィンドウを同時に開いている。メールの受信ボックス、書きかけの原稿、ＣＮＮやロイターやＦＯＸなど様々な会社が公開している報道記事や資料。自分でも信じがたい。注意散漫の元となるものがあふれるこの時代においても、わたしは同時にいくつもの用事をこなせるタイプではないからだ。それどころか、ひとつの用事を片づけ、適当な順番に従ってふたつ目を片づけるほうだ。それアプリケーションをひとつ閉じてから、つぎのアプリケーションを開き、ほとんどの場合、一度にひとつのウィンドウしかみない。それなのに、あのときの姿を思い出すと今でも驚いてしまう。そこには強烈な暗喩と感情に訴える重要な真実がひそんでいるからだ。アイオワ党員集会から総選挙までのあいだ、競合するいくつものニュースサイトを行きつもどりつしていたといえば、やや大げさかもしれないが、とにかくわたしはそんなふうに記憶している。投票数、獲得代議員数の変動、有権者たちの支持率――それらが気になってしかたがなかった。あのときのわたしときたら、興奮してぼーっとしている子どもか、適当なボタンを押すと予定通りの動きをする実験用ラットか、一時的な麻薬の効果に安堵するジャンキーのようだった。

もちろん、わたしの熱中ぶりは、二〇〇八年当時アメリカの何かが危機に瀕していたことに関係している。さらにいうなら、この選挙がこんなにも取りざたされたのは、国民が、自分たちは集団としての衰退から抜け出せるかどうかの分岐点にいる、と考えたためだった。その衰退の過程で、わたしたちが共通の物語を持っているという信念は救いがたいほど擦り切れてしまっていた。選挙運動のさ中に物語の破綻を見出すとは奇妙に思えるかもしれない。ときに、選挙ほどストーリー性に富んだものはないと思われているからだ。しかし、物語とドラマチックな展開とのあいだには大きな違いがある。いうまでもなく、二〇〇八年の大統領選挙には後者の要素がふんだんにあった。そもそもの始まりが、とりわけ鮮明で記念碑的な一戦となった、アフリカ系アメリカ人と女性の候補者が対立した予備選だ。白人男性には出る幕もなかった。昨今のアメリカのようにメディアに操作されている文化の中では、真に革命的なもの、つまり大変化の先触れとなるものを目にすることはまれだ。とはいえ、この革命の結果はどうだったのだろう？　セアラ・ペイリンの政治的姿勢はでっちあげのまがいものだった。中身はからっぽで何もかもが未熟。有名なだけの虚像である。自分が読んでいない新聞は名前さえ知らない。わたしはペイリンが副大統領候補に指名されたときから、この選挙を相反するイデオロギーの衝突としてだけでなく、相反する物語の衝突としてとらえるようになった。わたしの目には、ペイリン――ジョン・マケインではなく――は、反バラク・オバマ同盟の代表として映るようになった。そのあまりに冷笑的な態度は、羞恥心も歴史的感覚も投げ捨て、反オバマとして戦略を立て、反オバマとして語った。十月、わたしたちはマケインの金融危機に関する失言をきき、その後の政治集会で共和党の候補者のひとりが裏切り者のテロリストとして揶揄《やゆ》される場面を目撃した。さらにわたしたちは、ペイリンの支持者が武力闘争を支持するのをきき、当の候補者が相手をいさめようともしない場面を目撃した。なかでもおぞましかったのは、十月十日に起こったミネソタ州での一件だろう。自身の開いた集会で、マケインは、オバマへの個人攻撃に終始している選挙活動に理性と秩序を取りもどそうとした――ついやされた言葉はわずかで、時期は遅すぎたが――ところ、ブーイングを浴びたのだ。「いっておきますが」マケインは、オバマが大統領になることへの不安を口にした男性に、こう断言したのだ。「バラク・オバマ上院議員は良識ある人物です。彼がアメリカ合衆国大統領になっても、なんの心配もありません」。ひとりの女性が、オバマはアラブ人だから信用できないと訴えると、マケインは、民主党指名候補者であるオバマはまぎれもなく「合衆国の市民である」といって女性の発言を訂正し、彼女からマイクを取り上げた。

これら一連の出来事はあまりにばかげていて、公開演説の場も地におちたとしかいいようがない。彼らは愚かを通り越して無知そのものだ。しかし、これらのことは同時に、わが国の崩壊を示唆《しさ》していた。アメリカ人に共通のものの考え方、アメリカ人に共通の物語がとことん陳腐なものと化しつつあるのだ。

そのような崩壊をジョーン・ディディオンは「原子化」と呼んでいる。一九六八年刊行のエッセイ集、『ベツレヘムに向け、身を屈めて』で彼女は、〈サマー・オブ・ラブ〉と呼ばれるサンフランシスコ、ヘイト・アシュベリーにおけるヒッピーたちの集まりを、あらゆるものの崩壊の象徴と位置づけた。エッセイは「中心が揺らいでいる」という一文で始まり、以下のように続く。

ここは、倒産通知と、公売告知と、頻発する殺人事件についての珍しくもない記事と、置き去りにされた子どもたちと、打ち捨てられた家々と、落書きする卑猥《ひわい》な言葉のつづりさえ間違える不良たちの国だ。この国では、毎日のように家族が丸ごと失踪《しっそう》し、逃げてゆく彼らを不渡り小切手や差し押さえの札が追いかける。若者たちは荒廃した街から街へと流れていき、ヘビが脱皮するように過去も未来も脱ぎ捨てる。彼らは、この社会を支えているルールについては決して教えられないし、この先学ぶこともないだろう。人々がいなくなる。子どもたちがいなくなる。親たちがいなくなる。残された者たちは期待もせずに失踪届を出し、自分たちも行方をくらます。

ここでのディディオンの言葉は誇張されているが、彼女の一般論的指摘（「家族が日常的に失踪し、若者たちはもっと荒廃した町へと流れていく」）を読むと、より深い真実に目を向けさせられる。ディディオンも認めているように、わたしたちの国は「民主革命が不断におこなわれている国」ではない。もし当時のアメリカが「景気は安定し、GNPは高く、多くの雄弁な人々が高邁《こうまい》な社会的理念を抱いているようにみえた」としても、そういったことはすべて、現在のわが国にはあてはまらない。そのかわり、ディディオンが四十年以上前に診断してみせた社会病理や文化的状況は、現代のわたしたちにもあてはまる。危機の中心にあるのは、前にも触れた国民に共通の価値観の消滅だけではない。言葉が機能しなくなっているということだ。国民的合意の形成に不可欠な論理とそれを効果的に表現するための言葉が機能しなくなっている。「彼らが起こした反乱は、それまで若者たちが大人に対しておこなってきたものとは違っていた」。ディディオンは、ヘイト・アシュベリーに引き寄せられた若者たちについてそう語っている。一九六七年の春から夏にかけて、彼らは、白熱する光にむらがる蛾さながらだった。「一九四五年から一九六七年までのどこかで、なぜかわたしたちは、自分たちが図らずも参加していたゲームのルールを、この子どもたちに伝えることを怠ってしまったのだ。わたしたちのほうがそもそもそんなルールを信用しなくなってしまったのかもしれないし、神経をすり減らしてしまったためゲームを続ける気になれなくなったのかもしれない」。いずれにせよ、とディディオンは続ける。「若者たちは言葉を信じていない――チェスター・アンダーソンは、彼らにこう語りかけた。言葉は〝活字人間〟のもので、言葉を必要とする考えなど、数ある自己満足のひとつでしかないのだ、と――。彼らがふつうに使える言葉は、日常生活に必要な決まり文句だけなのだ」

ディディオンの発言の底には常に、鋭い階級意識と、生まれながらの保守主義がうかがえる。「自分たちが図らずも参加していたゲームのルール」。この表現はまさしく、中流階級が語り継いできた物語を意味している。それでも、彼女の言葉を単なる嘆きとして受け取るのは間違っている。ディディオンほど賢い人間であれば、その物語はとうの昔に崩壊してしまったことを知っているはずだ。その崩壊が、原子爆弾から飛散した放射能に由来することも。だから、一九四五年という年を、ディディオンはさりげなく「境目」と呼んだ。ヒロシマとナガサキのふたつの発火点から、中流階級の核心だった物語の理念は根本から方向を失い始めた。そして、だからこそ、ディディオンは「原子化」という言葉を強調しているのだ。このふたつの爆発を端緒《たんしょ》として、社会が長いあいだ大切にしてきたあらゆる真理――信仰、家族、地位、業績、アイデンティティを共有しているという感覚――は、一瞬の閃光《せんこう》の中で砕け散った世界の断片となってしまった。それらの断片は、もはやなんの意味もなく、嘘でしかない。「あなたが今読もうとしているこの本について、正しく理解していてほしい」。ディディオンは、「ハワイ諸島にて」の冒頭でそう述べている。「あなたはひとりの女について知ることになる。その女はこれまでずっとこう思ってきた。ほかの人たちには面白いらしいことが、自分にはまったく理解できない、と。あなたはひとりの女について知ることになる。その女はある時点で、それまで少しは持っていた信頼感をどこかに置き忘れていた。その信頼とは社会的な契約についてのものか、ものごとを改良しようとする信念についてのものか、人間の営為が織り成す壮大な文明についてのものか、それはどうでもいい。（中略）最近はなんらかの関係を築くのにひと苦労する。世の中では約束を守ることが大切である、という基本的な考えを持ち続けることさえ大変だ。というのも、今の世界では、わたしが教わってきたことがどれも肝心なことからずれているようなのだ。そもそも、肝心なこと自体がしだいにぼやけてきている」。一九九一年の「太平洋の隔たり」*というエッセイの中で、ディディオンはこの問題を平易な言葉で表した。「一九六四年、わたしはニューヨークから初めて住むロサンゼルスへ引っ越した」と前置きし、ロサンゼルスの「夢心地の時間」や、そこでの人間関係の「魅力的な距離感」への自分の反応を描きながら、こう記している。「この街の物語性の欠如は、わたしにとっては一種の強奪のように感じられた。ここでの二年が過ぎようというころ、（ある朝、車の中でひどく唐突に）気づいた。物語を感傷的なものとみなすようになっていたわたしに」

　南カリフォルニアに住むわたしたちは、この文章を地域性の問題として読みたくなる。ディディオンも多少はそのつもりで書いている。しかし実際のところ、彼女はもっと大きな事柄について示そうとしており、物語は操作されうるもの、人を欺くものだといっている。これは現代の抱える病だ。あれもこれも似たようなストーリーの氾《はん》濫《らん》。それらは不協和音のように重なるいくつもの雑音や、無秩序や、怒号を特徴としている。わたしたちが生きるこの時代においては、だれもが自分の物語を語りたがる。だが、物語の本当の意味を見定める感覚は失われている。政治家たちは〈ザ・ビュー〉や〈オプラ・ウィンフリー・ショー〉といったテレビのトーク番組に出演し、自分たちの物語を視聴者たちと分かち合おうとする。話題から話題へ飛び移りながら、何がきっかけで世界を理解するようになったかをことさら強調するのだ。自伝と銘打った、嘘のメモワールを書いた、ジェイムズ・フレイやペギー・セルツァーのような偽りの記憶を語る者たちは、新しい人生を――実際に彼らが送った人生よりも明らかに〝真実〟である人生を――創作することによって、物語というジャンルをすっかり台無しにしてしまった。テレビのリアリティ・ショーのせいで視聴者は、「リアル」という言葉の本当の意味がわからなくなってしまった――そうした番組では結局のところ、生き残りこそが英雄なのだ。それに、四六時中新しい情報にアクセスできる状況が、「リアル」ということ自体を飲みこんでしまった。個人的な解説が報道記事として出回り、報道記事が個人的な解説として出回るうちに、わたしたちは、何が解説で何がニュースなのかわからなくなってしまった。このような形で、ほとんどすべてのものが伝達される文化が生まれたのだ。とはいえ、デヴィッド・シールズは『リアリティへの渇望』の中でこう述べている。「〝リアリティ〟とは、ナボコフが飽きることなく繰り返したように、引用符がなければ意味を持たない言葉である」

さいわい、わたしはシールズの意見に賛成だ――ナボコフの意見にも。ただし、その指摘が重要であるとは思わない。何事も伝達されたものだという考えにはうなずくが、それでも、わたしは感動したいのだ。本好きの読者には覚えがあると思うが、文章が命を持っているように感じる瞬間や、震えるほどの緊張感を持ってページから飛び出してくるように感じる瞬間がある。作家はそうした文章を書きながら自分自身にもはっきりとはわからない何かと格闘している（「わたしは、もっぱら、自分が何を考えているのか知るために書く」）のだ。「そろそろ、率直にいっておこう」ティム・オブライエンは、一九九〇年に出た短編集『本当の戦争の話をしよう』の「グッド・フォーム」の中で次のように述べている（この本は事実ともフィクションともつかない。どちらの領域も超えたものになっている）。「私は四十三歳だ。嘘じゃない。今は作家だが、昔、歩兵としてヴェトナムのクアンガイ省を徒歩で縦断した。それらを別にすれば、この本に書いてあることはほとんどすべて作りごとである」。この文章でオブライエンは核心に触れている。こんなふうに、最良の物語はわたしたちをはっとさせるものだ。それらはいくつもの答を提示してくる。あるいは、まったく答を提示しない。物語を思うように操りたい、わかりやすい形に翻訳してしまいたい、という読者の望みに抗いつづける。「私が感じたことを、あなたにも感じてほしい」オブライエンはそう語りかける。「あなたに知ってもらいたい。なぜ、物語における真実は、時に現実より深い真実を伝えてくれるのかを」。彼はこうもいう。「物語にできること。思うに、それは事物を存在させることだ」。これと反対の意見を示すのが、夫に裏切られたサウスカロライナ州知事夫人、ジェニー・サンフォードだ。彼女は二〇一〇年に出版した回想録、『忠実であること』[*]――このタイトルだけでも夫人のいわんとすることははっきりしている――の中で、迷いもためらいもなく、自分は自分の決めたことしか認めない、という鋼の意志を明らかにしている。彼女はこう信じているのだ。「わたしは、献身的なまでに自分自身を捧げ、(中略)人格を作り上げようと努めてきた」。自身の物語に対して自分に責任はない、それらはすべてただ自分の身に降りかかってきたことである、と。

サンフォードとオブライエンを比べるのは不公平だと思われる向きには、こう弁解させてほしい。たしかにこの二冊は、そもそも作品の意図するものがちがう。片や結論のない私的な内面世界の探求であり、片や巧みな政治的情報操作、大衆の見方を型にはめようとする試みだ。それでも、このふたつの作品の違いに、文化的な崩壊の境目をみることができるだろう。一般的であいまいな物語を求めるあまり、ひとつひとつの物語と関わらなくなってしまったのだ。フレイとセルツァーが犯した罪は、嘘をついたことではなく、たちの悪い嘘をついたことだ。彼らの創り出したものには、〝物語における真実〟を作ろうという誠意がみじんも感じられない。わたしたちが本を読むのは（少なくとも、わたしが本を読むのは）、話の筋の底にひそむものを見つけ出すためであり、挑発され、混乱させられるためであり、それまでの価値観をゆさぶってもらうためだ。同時に、作品を読まれる作家たちのほうも、いやおうなく自分たちの価値観を問い直しているのだ。

どういうことかというと、ひとつには、ひとりひとりの受け止め方はそれぞれ違っていてよいということだ。物語とは、混沌《こんとん》に立ち向かうための装置であり、一連の可能な解釈を認めつつ、いつでも変わる可能性があると認めるための装置でもある。だが、本質的で、重要なのは、物語に向き合ってほしいという、読者への呼びかけだ。結局のところ物語は――芸術的なものであれ政治的なものであれ――持続的な集中を求める。本を読むとき、わたしたちは本と対話しつつ、自分の役割を演じなければならない。さもないと、感情面やその他すべてにおいて、巧みに操作されてしまう。一九四六年二月、ヘルマン・ゲーリングはニュルンベルク裁判のときに裁判官にむかってこういった。「無論、民衆は戦争など望んでいない。（中略）しかし、政治的な判断を下すのは結局のところ国の幹部であり、国民を引きずりこむのは、どんな国でも造作のないことだ。民主主義政権であれ、ファシズムの独裁政権であれ、議会統治であれ、共産主義独裁政権であれ、やり方に変わりはない。国が攻撃を受けそうだと国民に告げ、平和主義者を非国民呼ばわりして国を危険にさらす者だと非難する。これだけでいい。どんな国でも効き目がある」。こうした発言にはあらゆる意味でぞっとする。だが、最も恐ろしいのは、わたしたちは自分たちの運命に責任があるという事実を認めている点だ。ゲーリングの意見と、わたしたちのこの時代における極端な意見をくらべてみると、両者はそれほどかけ離れたものではないことがわかる。たとえばアリ・フライシャーは、ツインタワー崩壊の記憶がまだ生々しいとき、深夜番組で司会者が米軍を批判したことを受けて、あたかも言論の自由を制限するかのような警告をした。「アメリカ人は言葉に気をつけるべきだ、自分たちの行動に気をつけるべきだ」と。また、オバマ大統領の出生地はアメリカではないと主張する人々や、９・１１陰謀説をでっちあげた人々は、なんの根拠もなく信じるだけで物事に真実味を与えられる

——ある領域に限ってだが——ということを証明してみせた。これらが与える影響は、ゲーリングの発言にくらべれば小さいかもしれない。だが、示していることはひとつだ。疑問も感じないで鵜呑みにし、考える前に反応することによって、わたしたちは様々な嘘にあっけなく影響されてしまう。これが、中核となるべき物語の爆死、一種の集合的な対話の消失が生んだ後遺症だ。これによりわたしたちは、アイデンティティやイデオロギーといったあいまいな幻想の名のもとに、もっとも不気味な恐怖に屈服することになる。

方法さえ間違わなければ、物語はその恐怖に立ち向かうことができる。ここでもまた、トマス・ペインに学ぶところがある。彼はアメリカの物語を生み出した父なのだ。『コモン・センス』の中で、トマスは独立の必要性を説くために複雑な論理を（君主制や神授王権への幾層にも重なる批判を土台に）組み立てた。その中心は、もっとも基本的な論点、つまり経済と安全保障だ。正直なところ、今の時代に『コモン・センス』を読むと、その論調が本質的には保守的であることに驚かされる。トマスはアメリカを地上のエデンとして理念的に捉えていただけではなく、経済的、政治的な現実的利益の源とも考えていた。トマスはこう書いている。「わたしたちの計画は、貿易を盛んにすることだ。しっかりと整備されれば、貿易はアメリカにとって、自国の平和とヨーロッパ全土との友好関係を保証するものになるだろう。ヨーロッパのどの国も、アメリカと自由貿易をおこなうことに興味を持っているのだ」。とはいえ、トマスはこの魅力的な一文を「アメメ」として読者に与えたあとで、今度は思い切りムチを振りおろしている。彼は独立の危険性を知っていたのだ。独立すれば、とてつもなく大規模な創造に手を付けることになる。ひとつの国を一からまるごと建設するのだ。トマスはそのことについてはうまく細部をぼかしている。「計画を示すのではなく、あえてほのめかすだけにしておきたい」。どうやら、個々の問題の解決は人々の手にゆだねられているようだ。わたしは、読書においても同じことがいえると思う。わたしたちは、テキストをひな形として与えられ、それを自分仕様に作り変えなければならない。そうして作り変えたものを、物語と呼ぼうが物語的真実と呼ぼうが、それは自由だ。なんとでも呼べる。だが、つまるところ、それはペインがほのめかしたものに劣らず説明しづらい創造の行為であり、わたしたちにとって、自分自身を理解するためのひとつの道なのだ。

# 第２章　この騒々しい世界で

わたしは、ノアの『グレート・ギャツビー』の宿題を手伝ってやることにした。頼まれたわけではないが、提案してみると断られもしなかった。手始めに、わたしは自分の書いた注釈の例をいくつかみせてみた。書評を書くつもりの小説の校正刷りや、授業に使う予定の作品のコピーに書きこみをしたものだ。息子はわたしの仕事部屋で扉近くに立ち、それらをぱらぱらめくりながら笑いを抑えていった。「父さんがぼくの授業に出たら落第するかも」

ノアのいうとおりだ。こと注釈に関しては、わたしは最小限ですませるタイプなのだ。あるいは、単に、自分に一番合った方法でやっているだけのことかもしれない。どちらにしろ、わたしはメモをとる手っ取り早い方法を自分なりに編み出してきた。言葉の代わりに、スラッシュやアスタリスクやアンダーラインを使うことにしているのだ。それらは、もっぱら記憶をたぐりよせるための目印――「これを引用のこと」

といった具合に——であって、知的・批評的論理の構成に直接使えるわけではない。とはいえ、感動した文章に蛍光ペンで印をつけるのも嫌いではなかった。それどころか、ペンを片手に読書する習慣が身になじみすぎたせいで、趣味の読書をするときにもペンがないと不安を通り越して本当に胸が痛むくらいだ。注釈をつけていると、作品の中に深く潜っていくように感じる。それでも、わたしもノアと同じで、注釈に気を散らされたくはない。滑らかな物語の流れから引っぱり出されるのは面白くない。ノアがみせてくれた注釈の手本——見開き何ページにもわたって、細かい丁寧な字で埋めつくされている——をみると頭が痛くなった。注釈の内容が濃いせいもあるが、ページ全体に書きこみがされていたせいだった。書きこみが多すぎると読者は疲れてしまう。読み手の感受性が作家の感受性を邪魔してぼやかしてしまう。わたしにいわせれば、そのようなやり方は、注釈をつける目的に反している。注釈は風通しのよさが大事で、作品を覆うのではなく作品に織りこんでいくものであり、感性を押しつけるのではなく融合させる行為である。

ノアにこうしたことをすべて話したわけではない。そのかわり、うまくやれそうな方法をためしてみたらどうだい、と提案した。まずはわたしの考えた記号を書きこみながら作品を読み、それから最初へもどって自分なりのコメントを書きこんでいくのだ。父さんもこれを読み直してみるよ、ともいった。そうすれば、注釈をつけながらふたりで議論できるからね。ノアはちらっとわたしをみた。疑わしげに眉をひそめる。だが、今回もいやだとはいわなかった。「授業ではどこまで進んでる？」とたずねると、ノアは六章までだと答えた。わたしは本棚に近づき、スクリブナー版の古いペーパーバックを抜き取った。高校のとき読んだきりの本だ。表紙には若い女の顔が、夜の闇の中、まばゆい光を放つイルミネーションの上に描かれている。悲しげな瞳は広告板のT・J・エクルバーグ博士を思い起こさせる。エクルバーグ博士は、小説中で繰り広げられる騒ぎを、別世界から冷徹なまなざしで神のように眺めていた。わたしは、これから考察することになる六章分をぱらぱらめくってみた。百十八ページ、たいしたことはない。二、三時間で読み終えるだろう。それは、三月の日曜日の午後のことだった。その日が終わるまでの残り時間が、クエスチョンマークのようにわたしの前に続いていた。それから一分ほどふたりで話し、ノアは自分の部屋へもどっていった。閉まった扉のむこうから、音楽——映画『レント』のサウンドトラックに収められている曲を演奏する「グリーン・デイ」——と、チャットで友人と話す息子の笑い声がきこえてきた。わたしは『グレート・ギャツビー』を居間に持っていき、ソファに寝そべった。小説はこんなふうに始まる。「ぼくがまだ年若く、今よりも傷つきやすい心を持っていたころ、父がある忠告をしてくれた。それからというもの、ぼくはその忠告について何度も考えてきた。『だれかを批判したくなったら』父はいった。『この言葉を思い出すといい。だれもが自分のように恵まれてきたわけではないんだ、と』」まさに冒頭から、特権とか階層といったものへのフィツジェラルドらしいこだわりが出てくる。文章はこう続く。「父はそれ以上何もいわなかった。しかし、ぼくたちはいつも少ない言葉で、多くのことをわかりあってきた。だからぼくにはわかっていた。父はその言葉で、その言葉以上のことを語ろうとしたのだ」

少ない言葉で、多くのことをわかりあう(Unusually communicative in a reserved way)。父と息子の関係の本質が端的《たんてき》に表されている。一文にも満たない、巧みに選ばれたわずか六つの単語で。そのとき、わたしはあの感覚におそわれた。何かにつながったような、まるで文章の中に潜りこんだかのような、本がわたしを呑みこもうとして立ちあがったかのような、そんな感覚に。この感覚こそ、わたしが長いあいだ取りもどしたかったものだった。本の中に完全に没入するこの感覚。そして、これこそ読書が与えてくれるべきものだ。初めて読んだときと二度目に読むときの比較、知っていることと気づかないでいたこととの比較、登場人物たちを知る前と知った後の自分の比較。わたしは、まずほっとした。すんなり本の中へ入っていけたことだけが理由ではない。最初に『グレート・ギャツビー』を読んだのは数十年も前なので、今読んでどんな印象を持つことになるか不安だったのだ。本の再読とは微妙な作業だ。良かれ悪しかれ、現在と過去に向かいあうことになる。はじめて読む場合と違って、より複雑で、より陰影に富み、自分がどれくらい変わったのかをそれとなく教えられるのだ。アン・ファディマンは、二〇〇五年の『本を読みなおすこと』*というエッセイ集の中で、初読と再読の違いを明らかにしている。「前者は疾走、後者は深化。前者は世界を閉め出して集中し、後者はストーリーを熟考する。前者は甘く、後者は苦い。しかし、後者のすばらしい点は、前者を含んでいることである。それは遠近両用メガネの上半分を使うときの感覚に似ている。大人向けのレンズ越しに本を読みながら、初読の記憶というレンズも通して同じ本を読んでいるのだ」。そのとおりだ。ただし、ときおり、初読の記憶が偽りだったとわかることもある。また再読によって魅力を感じられなくなった本も中にはある。たとえば、フラナリー・オコナーの『賢い血』。わたしはこの本を大学時代に読んで感動したが、後に読み直したときにはそうでもなかった。これは若い書き手の思いつきの寄せ集めに過ぎない、という気がしたからだ。現実の人生についての考察というより、人生とはこんなものだろうという未熟な人間のあて推量に近かった。『グレート・ギャツビー』を再読する前にも、それと同じように感じてしまうのではないかと心配だった。これはフィッツジェラルドが二十代後半で書いた作品だ（出版されたのは彼が二十九歳のときだった）。作者は、執筆時にどれだけのことをわかっていたのだろう。とくに、自身のもろさと欠点や、世界が人間から何もかもを、プライドを、大志を、心そのものを奪っていくことについて、彼はほんとうにわかっていただろうか。そうしたことへの理解がうかがわれるからこそ、わたしは彼の後期の作品に惚れこんでいた。『崩壊』*、『パット・ホビー・ストーリー』*、『ラスト・タイクーン』。後期の作品群には欠点もみえるが、そこでは、型にはまったフィッツジェラルド像ではなく、傷ついた男、年を取り、人生の重荷にあえぐ男の姿が露わにされている。「ある午後、タクシーに乗って、そびえるビル群のあいだを走っていたときのことを思い出す。空はフジ色ともバラ色ともつかない色合いをしていた」。一九三二年、フィッツジェラルドは一九二〇年を振り返ってこう書いている。一九二〇年といえば、『楽園のこちら側』*で一躍マンハッタンの人気者になった後のことだ。「ぼくは叫んだ。欲しいものをすべて手に入れてしまい、こんなに幸せになれることは二度とないと気づいたのだ」

　ここには、個人と万人との境目がなくなる瞬間がある。フィッツジェラルドの個人的な体験——「タクシーに乗って、そびえるビル群のあいだを走っていたときのことを思い出す。空はフジ色ともバラ色ともつかない色合いをしていた」――が、喪失から広範な人間理解へと変移している。その思いはほとんどこの目にみえるほどだ。喜びはほんのいっときのものであるという感覚。もっとも深い満足（「欲しいものはすべて手に入れてしまった」）でさえ、時間の圧力のもとには消え去ってしまうという感覚。若かりしころのフィッツジェラルドはこれらを知っていただろうか？『グレート・ギャツビー』を読めば、その答がイエスだとわかる。ニックがギャツビーの家から初めて帰るときのことだ。熱気でむんむんする週末のパーティのあとで、彼は先の引用と同様の喪失を、一瞬目の当たりにする。それは、とりわけ熱狂的なパーティの中にこっそりしこまれた孤独であり、世界の中心にある静寂だ。ニックは語る。「ぼくは、一度振り返ってみた。ウエハースのような月がギャツビーの家の上にかかって、さっきと同じように夜空を明るく照らしている。だが、灯りだけが残る庭からは、もう笑い声も物音もきこえない。ふいに、窓という窓、大きな扉という扉から、空虚さが流れ出てくるかのように感じられた。ポーチに立つこの家の主人がやたらと寂しげにみえる。彼は片手をあげ、客たちへ型どおりの挨拶をしていた」

この部分はフィッツジェラルド自身といくらか重ねあわせてみずにはいられない。「わたしたちのような作家は、たいていの場合、自分の経験をページ上で繰り返さなければばならない。それが現実だ」。フィッツジェラルドは、一九三三年に発表された「百回目のフライング」というエッセイでそう書いている。〈サタデー・イヴニング・ポスト〉誌に発表されたものだ。「わたしたちは、すばらしく感動的な体験を二、三は持っているものだ。それらがあまりにすばらしく感動的なので、体験したときはこんなふうに考える。自分以外の人間がかつてこれほど熱中し、心臓が暴走し、目がくらみ、あぜんとし、打ちのめされ、打ちひしがれ、救われ、啓発され、報われ、謙虚な気持ちになったことがあっただろうか、と」。すばらしい一文だ。わたしがとりわけ神聖視する作家たちにもあてはまる。ディディオン、ケルアック、コンロイ、トロツキ、そしてもちろん、あわれなマルカム・ラウリー。彼の場合はブリティッシュ・コロンビアの浜辺に座って、書くことでアルコール依存症と敗北からの脱出口を創り出そうとしていたのだが。とはいえ、自分の経験をページ上で再現する書き方は、フィッツジェラルドにおいてもっともきわだっているかもしれない。彼は長いあいだ上流社会のゴシップ記録者として誤読されてきた。それが長いこと続いたあげく、ケルアックと同じようにその世代の代弁者というレッテルつきの重荷を負わされてしまい、彼の二、三の個人的なすばらしい体験までがひとつの神話に組みこまれてしまった。『グレート・ギャツビー』の最初の六章を読みながら、わたしはこのことについて考え続けていた。わたしたちが、ある本やある作家に関して様々な理論を構築することで、それらの本質がかすんでしまうという現象について。こうして、考えるべき別の問題が出てきた。こんなふうにわたしたちは、読んでいる本自体についてではなく、その本に関係することについてあれこれ語り出してしまう。あらゆることに焦点をあてながら、肝心の対象を置き去りにしてしまうのだ。

だが……長い日曜日の午後が、滴り落ちるハチミツのように過ぎていく中、わたしの考えはさまよい始める。ひとつは、漠然と過ぎていく静かな時間のせいだった。ひとつは、部屋中を満たして動こうとしない日の光のせいだった。ひとつは、疲労のせいだった。絶えず浮かび上がってきては、言葉の穏やかなリズムを邪魔してくる。いや、正直に認めよう。わたしは集中できなかった。世間の雑音を寄せ付けずにおくことができなかったのだ。『グレート・ギャツビー』をほんの少し読むとテレビをつけ、野球の春季トレーニングのニュースをチェックし、昔の映画をみた。レイを呼んだが、彼女は娘のソフィーと一緒に出かけていた。わたしは犬を散歩に連れていき、それから、本の残り頁をぱらぱらめくって、一章一章の枚数をたしかめた。まるで、これからの読書に目盛を刻むかのように。これは本を読むときの一種の習慣で、わたしはこうして本の中に自分を位置づけるようにしている。だが、大体の分量を知ると、読む気が増すこともあれば失せることもある。この日曜日、残り頁を数えたことはマイナスに働いた。期待ではなく、何やら恐ろしいような気持ちが湧いてきたのだ。

しまいに、わたしは強制的に自分を読書に集中させることにした。理由はひとつ、息子に約束したからだ。手本を示してやりたかったし、見習ってもらえる父でありたかった——が、同時にわたしは、息子を救い出してやりたいとも思っていた。小説という気まぐれな潮流の中へ泳ぎ出し、彼を連れ帰るのだ。わたしは、ある旅行を思い出していた。数年前に一家そろってハワイへ出かけたときのことだ。レイとノアとわたしはスキューバダイビングをすることにした。岸にほど近い岩礁《リーフ》をめぐって流し釣りをする船から、海へ飛びこむのだ。わたしたちは短パン姿に日焼け止めを塗って車で現地へ出かけ、ほかの旅行者と合流した。そして、彼らと、ダイビングはまるっきり初心者なんですよ、というちょっとした雑談をかわした。わたしは十代のころにカリブ海の穏やかな海で二回潜ったことがあった。すばらしい体験だった。海面の下を飛ぶように泳いでいきながら、フィンをはめた足を軽く動かしては潜り、浮かびあがり、深く沈み、転がり、重力から自由になって、色とりどりの魚の群れのすぐ上を通り過ぎていくのだ。まるで、自分も仲間になったかのように。水はとても温かく、わたしは水着にTシャツ一枚という格好だったが、巨大なバスタブか温水プールにでもつかっているような気分になったものだ。今回は勝手が違うらしいと最初に気づいたのは、インストラクターがウェットスーツをいくつか後甲板に並べて、体に合うものをひとつ選んでくださいといったときだった。二度目に、やっぱり違うぞと感じたのは、入り江の外の速い潮流を抜けて、太平洋の広がりの中へ出たときだった。たちまちわたしたちは波しぶきを浴び、舳先《へさき》のほうから次々に押し寄せてくる大波に揺さぶられた。それでも、岸から百メートルと離れてはいなかったのだが。レイが最初に参った。ウェットスーツに着替えないうちから、顔が蒼ざめ、汗が噴き出したと思ったとたん、船の手摺りごしに吐いていた。それから午前中いっぱい、レイは中央甲板に並んだベンチに横たわって過ごした。片腕で顔をかばうようにして、船の揺れに負けないように目は固く閉じていた。

ノアとわたしはレイよりはうまくやった。少なくとも、初めのうちは。デヴィッド・フォスター・ウォレスは『楽しいと思われていることでぼくが二度とやらないこと』*というエッセイ集の中でこう述べている。「船酔いになってみて、海が荒れると、戦いと同じだということがわかった。どう応戦していいのかまったくわからない」。打ち寄せる三角波のせいでバランスを崩しながら、ともかくノアと一緒にウェットスーツを着こんだものの、わたしは胃が口から飛び出そうな気分になっていた。ところが船尾から海へ飛びこんでみると、そこには魅力的な世界が広がっていた。ひんやりと冷たい緑色の水のせいもあったが、インストラクターが繰り返しいっていたように、いったん水の中へ入ってしまえば、それがどんなに揺れていてもこちらはあまり影響を受けないのだ。わたしたちはひとかたまりになって水中に入った。しかし、すぐに、まずいぞと思った。海が荒いのだ。水が上下に揺れ、規則的な波のうねりが体にぶつかってくる。わたしは、マウスピースを口に押しこむと、波の下にすべりこんだ。しかし、そこも大して変わらなかった。絶え間なく体を引っぱる潮の流れを感じ、ダイビングマスクは顔からむしり取られてしまいそうだ。息が切れてくる。パニックを起こしてしまいそうだった。本能的にまずいと感じ、わたしは海面に出てひと息つくことにした。ところが、ほっとしたのもつかの間、水の上に顔を出したとたん、体が大きく上下に揺れ始めた。海水が口と鼻に入ってくる。船はわずか三、四メートルほどのところにあった。楽に泳いでゆける距離だ。だが、そうとわかってもまったく安心できなかった。おまけに、息子はまだ水中にいる。六、七メートル下の水中を、ほかのダイバーたちと泳いでいる。目を離すわけにはいかない。

そこで、わたしはもう一度波の下へもどっていった。ダイバーたちのほうへ斜めに潜っていく。彼らは船から下りているガイドラインのワイア近くに固まっていた。勇気のある者たちは仲間から離れて、ギザギザになった岩礁のあいだへ分け入っている。ノアはすぐにみつかった。インストラクターのそばで、泳ぎ方を練習している。ふたりは並んで泳ぎながらほとんど同じ動きをしていた。バレエのふたり踊り《パ・ド・ドゥ》でも踊っているかのようだった。わたしは向きを変え、少し深く沈むと、ノアたちとは別の方向へ少し進んでみた。あいかわらず息はあがっていたが、さっきまでのパニックは、多少やわらいだ。それは、わたしの知っているダイビングとは違った。そんな気楽なものではなく、戦いのようなものだった。絶えずわたしは潮流に押し流されていた。初めは岸に向かって、それから沖に向かって。船から離れすぎないようにするためには、全力で流れに逆らわなくてはならなかった。ふいに、わたしは気づいたのだ。正真正銘、誇張ではなく、わたしは手も足も出ない状態に陥っていた。四十六歳で、体はあまり鍛えていないし、泳ぎもあまりうまくはない。そんな人間が、今までみたこともないほど荒れた海の中にいる。こんなふうに人は死ぬのか……。ふと、まだ海中を漂っていたノアをみおろし、はっとした。まずいことが起こったようだ。

ノアは海面を指さしていた。インストラクターが、だめだというように首を横に振っている。そのとき、何か雲状のもの（魚のエサのようだったが、後でノアが吐いていたのだとわかった）がノアのマウスピースとともに噴き出し、同時にその体からぐったりと力が抜けた。わたしは向きを変え、力の限り潮の流れに逆らってふたりのほうへ泳いでいった。アドレナリンのおかげで体がぐんぐん前へ進むのがわかった。洪水のように一気に生じたアドレナリンではない。恐怖の中で――パニックの中ででではなく――徐々に力が集積されるような感じだった。わたしが潮の流れをかきわけて泳いでいくうちに、インストラクターは息子の腕を取って海面へ引き上げ始めた。ふたりのもとへたどりついたちょうどそのとき、ノアが、目を覚まそうとするかのようにかすかに震えた。水中メガネの奥で、閉じたまぶたが痙攣《けいれん》している。ノアの胸が動いているのがわかった。口元にインストラクターがマウスピースをあてがっている。早く息子を上へ連れていかなければ、早く。わたしはノアのもう片方の腕をつかみ、一緒に上へ向かって泳いだ。じきにわたしたちは海面を割って出た。空気は何かの啓示のようで、空は青くどこまでも静かで、海は上下に揺れ、わたしたちの体も浮きのように上下した。わたしはマウスピースを吐き出して一度大きく深呼吸をすると、ノアの体の後ろに回りこみ、息子を自分の胸に寄りかからせた。片腕でノアの上半身を抱きかかえ、頭を波の上に保つ。インストラクターが船を指さした。まだ近くにあるが、さっきよりは少し離れていた。十二、三メートルといったところだ。インストラクターが、自分がいなくても大丈夫かとたずねたので、わたしは構わないとうなずいた。

すると彼は水の中へもどっていった。

ほかのインストラクターたちがこちらを見守っているのはわかっていた。手を貸してくれる乗組員たちが船にいることもわかっていた。海面へ出てから一、二分後には、わたしはノアを抱えて船尾へたどりついた。三人の男が待ち構えていて、いっせいに手を伸ばしてノアの腕や脚をつかみ、わたしが息子を甲板へあげるのを手伝ってくれた。二十分後、わたしは甲板の上にひとり離れて座り、ペットボトルの水をちびちび飲みながら、妻と息子をながめていた。どちらもそれぞれのベンチの上であおむけに横になり、泥酔でもしたかのように、眠って回復しようとしていた。わたしにはすでに、物語の輪郭がみえていた。できあがりつつある物語を感じとることができた。だが、その物語が形を成す直前、その水中での一分か二分のあいだに、何よりも深くわたしの記憶に刻まれたのは、物事はどちらへ転んでもおかしくないという感覚だった。わずか十二、三メートルの距離とはいっても、潮流に逆らって息子の体を抱えていれば、マラソンと同じくらい体力を消耗する。ゴールまであと一メートルばかりになったとき。船の左弦にそって泳ぎながら向きを変え、飛びこみ台に取りつこうとしたとき。そのとき、わたしは全身が凍りつくかと思うほどの恐怖を覚えた。映画の『ジョーズ』――十三歳のとき何度もみて、かなりのセリフを正確に暗唱できる――で、ロバート・ショー演じるクイントが、重巡洋艦インディアナポリスにまつわる英雄譚を語る場面がある。この重巡は、ヒロシマへ投下する原爆の部品を運んだ直後の一九四五年七月三十日、魚雷によって沈没した。「ミスター・フーパー。それから五日後の昼のことだ」。クイントは、リチャード・ドレイファス演じるフーパーに話す。「爆撃機のロッキード・ヴェンチュラがおれたちをみつけたんだ。低空飛行してたおかげで気づいた。若いパイロットだった。あんたよりずっと若い。とにかく、やっこさんはおれたちをみつけて、降下してきてくれた。三時間後、でかい飛行艇がやってきて、おれたちを引き上げてくれた。おれが一番恐ろしかったのはそのときだよ。自分の番がくるのを待ってたときだ。二度とライフジャケットは着たくないね」

ロバート・ショウの長台詞は、わたしが海の中で感じたことを正確に表している。わたしも同じように思ったのだ。もし悲劇が起こるとしたら、この最後の数秒のあいだだ、死が牙をむくとしたら今しかない、と。結局何も起こらずにすんだわけだが、息子を助けなければというそのときの感覚が、陸地にもどったあと思わぬ形で現れることになったのだ。ハワイ旅行から二年後のこの日、『グレート・ギャツビー』の宿題についてこぼすノアの不満をききながら、わたしの目には、小説という言葉の海でもがくノアの姿が映っていた。あのダイビングの日、太平洋でもがいていたように。

わたしは、はっとひらめいた。今度も息子をその海の中から救い出し、一緒に船までもどってこられるだろう。

もちろん、ノアのほうではそんなことを考えるはずもない。月曜日の朝、息子をスクールバスまで車で送っていくあいだに、わたしはフィッツジェラルドについて話し合おうとした。だが、ノアはそっけなく断った。「もう終わったから」。どんな注釈を書いたのかたずね、Ｔ・Ｊ・エクルバーグ博士の目のことなども持ち出してみたものの、ノアはわたしに向かって両目をぐるっと回してみせると、ぷいと窓の外を向いてしまった。「なあ、ノア、父さんはおまえを助けようと思って、昨日の午後を丸ごと潰《つぶ》してあれを読んだんだぞ」。そう話しているあいだにも、そんなことを恩にきせてみたところで仕方がない、とふたりとも気づいていた。ノアはゆっくりわたしを振り返った。不機嫌でとまどったようなまなざしだ。「いや、いいんだ。忘れてくれ」という言葉が、わたしの口から出かかった。だが、遅すぎた。わたしは時折こんなふうに考える。親である技術などというものがあるとするなら、それはよけいな口出しをしないことだ、と。だがそのときは、それをうっかり忘れていた。よけいなことをいってしまった。

わたしは、ノアが十五歳の少年なりの方法で、出すぎた父親に報いるのを待った。

しかし、いざ息子の口から出た言葉は、拍子抜けするほど穏やかなものだった。

「そんなこと頼んでないよ」

# 第3章 もうひとつの時間、そして記憶

二〇一〇年五月九日、バラク・オバマは、ハンプトン大学の卒業式でのスピーチで注意力と注意力の欠如について語り、本質と外観について語り、これらのことを掘り下げて考えてみることによって、陰影に富み、知的に洗練された本質をとらえることができると語った。以下はそのスピーチからの抜粋だ。

みなさんは、二十四時間絶え間なく情報を提供し続ける社会の中で成人しました。この社会はわたしたちにあらゆる情報を浴びせかけ、あらゆる種類の議論をみせつけます。しかし、それらを真理の秤《はかり》にかけてみると、必ずしもすべてが重要なわけではありません。ｉＰｏｄやｉＰａｄ、エックスボックスやプレイステーション。どれひとつとしてわたしは使い方を知りませんが、それらの出現によって情報は気晴らしとなり、娯楽となり、エンターテインメントの一種となっています。力を与えてくれるものでもなければ、わたしたちを解放してくれるものでもありません。

そうした情報のあり方はあなたたちを圧迫しているばかりか、わたしたちの国や民主主義さえ、これまでになく圧迫しているのです。

卒業生のみなさん、われわれのこの時代は驚くべき変化の時代です。歴史を振り返っても、これほどの変化が起きた時代はほとんど見出すことができません。この変化を止めることはできませんが、良き方向へ導き、自分たちの思うように形作り、対応することはできます。それを可能にするのが教育です。これまでの卒業生たちにとってもそうであったように、教育はみなさんを強くし、この時代の試練に立ち向かうための力を与えてくれます。

さっそくネット上では、大統領は現状に疎《うと》いという嘲《あざけ》りの声がわき起こった。ツイッターのユーザーたちは、この演説を、一般教書演説をもじって『一般ｉｐａｄ演説』と呼んだ。大手ブログサイトの〈ゴーカー〉は、『バラク・オバマがｉｐａｄを嫌う理由』と題した記事をのせ、寄稿者のマックス・リードは、そこで「それにしても（中略）オバマはあんな演説で何をいおうとしているんだ？」と首をかしげてみせた。ネット新聞の〈ハフィントン・ポスト〉が掲げたＡＰ通信社の記事には、二枚の写真が添えられていた。オバマとアップル社会長のスティーブ・ジョブズの写真を、彼らが対立してみえるように並べてみせたのだ。記事に添えられていた即時世論調査のグラフでは、オバマの考えに回答者の五七・〇一パーセントが賛成している。だが、より多くを語っているのは、スレッドに並ぶ三千をこすコメントのほうかもしれない。「ちょっと待った、ミスター・オバマ」と、あるコメントには書かれていた。「なんの問題がある？　ネット上じゃ、健全なアイデアや考えがやり取りされてる。国民が事実を知りすぎると、あんたの社会主義計画の邪魔になるのかい？」別のコメントはこう警告した。「オバマの熱狂的支持者たちは、このあやしげな主張にまんまとひっかかってる。あんな演説は、ネットを規制するための口実だ」。こんな意見もあった。「オバマは、おれたちに情報をたっぷり与えちゃまずいと考えてる。おれたちのためにならないんだと。じきに大統領たちは、もっともらしい方法を考え出して、国民が受ける情報を制限し、ふるいにかけるだろう。おれたちの選んだ人間が情報規制をしてくれるとはありがたい！」

たしかに、これらの意見は、結局のところスレッド上の発言に過ぎない。匿名《とくめい》かハンドルネームの投稿者たちによって、こうした雑音めいたおしゃべりや、当てこすりや、複数のサイトにのせた意見や、ちっぽけな反目や、取るに足りない論争が絶え間なく増えていくのだ。だがその反面、これら一連のコメントはまさに、文化に関する会話に品性が欠けていることを象徴している。オバマが指摘した通りだ。デヴィッド・デンビは恨み事を長々と書き連ねたエッセイ集、『スナーク——中傷の文化』*の中でこう述べた。「わたしたちは不安定な時代に生きている。状況は目まぐるしく変わる。こんな質問を投げかけるのは妥当だろう。『わたしたちは、互いに何をしている?』」数ページ後で、デンビは理にかなった結論を導き出している。「現代に横行する取るに足りない中傷屋たちは、せいぜい一、二行の文章を書き散らすか、意地の悪い文章を多少つづってみせるだけだ。彼らの欠点は、自分の意見を最後まではいい通せないこと、首尾一貫した人生観を持っていないことだ。メディアの中をそのときの気分で泳ぎ回るだけで、何かを支持することもなく、何かを押し通すこともない。彼らは、信念を持たないただの日和見主義者だ。どんなにささいなものであれ彼らが勝利を得ることはない」

デンビが嘆いているのは、偏りのない、より公平な立場や、広い視点が失われてしまったことだ。スレッド上での会話には欠点がある。一見すると率直な意見の交換を目指しているように思えるが、そのじつ、せいぜい似たような独白がずらりと並んでいるに過ぎないのだ。ルイス・ラパムは二〇〇四年に出した『言論統制』*という本の中で、『コモン・センス』の内容を振り返りながら、こう述べている。トマス・ペインが優れていたのは論理的な主張を実行に移した点だ。それを、わたしたちの社会は無くしたように思える。ラパムのみるところ、それは、読書という行為が衰退し、ネット上に展開する光景が拡大してきたためだ。そのせいで、今ではあらゆるものが、いつでも、いつまでたっても現在時制の中でひしめきあうことになってしまった。「現代では、すべてがほかのことから引き続いて起こるわけではなくなった」、ラパムはそう警告している。「因果関係は付加的なものになり、物事が起こる原因ではなくなっている。記憶を失った人々が鏡の中の自分に語りかけている。その言葉は製品を売るには大いに適しているが、ひとつの思想を表現するには不向きだ」。ラパムの言葉に完全に同意できるかどうかは自信がない。インターネットの書き込みにも深い考えは多く見られるし、論理をねじ曲げた本もたくさんある（『わが闘争』や『ターナー日記』や『シオン賢者の議定書』など）。いいかえれば、問題はメディアではなくメッセージのほうなのだ。それでも、ラパムは鋭い。彼もまた、連続的思考の衰弱――〝記憶を失った人々が鏡の中の自分に語りかけている〟――や、歴史の崩壊、因果関係の消失に触れているのだ。「人間の未来は、がら空きのハイウェイみたいにみえた」。ジョージ・W・S・トロウは、三十年前に出した『無秩序という秩序』*の中でそう述べている。今、その三十年後の未来から振り返ってみるとよくわかるが、トロウの言葉は驚くほど正しかった。

もちろん、わたしのやり方は一方的だ。ネットと本の両方から、自分の意見を裏づけてくれる実例を抜き取っている。インチキをしている。情報を操作し、必ずある結論に行きつくよう、でっちあげを続けている。〈ハフィントン・ポスト〉がのせたオバマの記事には三百三十のコメントが寄せられ、わたしはその中から代表的な例として三つ選んで示した。だが代表的といっても、それはわたしにとって都合がいいという条件つきだ。コメント欄をスクロールしていけば、知的で説得力のあるコメントがいくらでもみつかる。だが、はるかに痛烈なコメントも同じくらいみつかる。それらはかろうじて英語だとわかるような俗語だらけの文で書かれていたり、怒りに満ちて、いまにも爆発しそうな、憎しみのさなぎのようなものであったりする。だが代表的なものであれなんであれ、これら一連のコメントと火種になった大統領の意見とは、どう関係しているのだろう？　情報が「気晴らしとなり、娯楽となり、エンターテインメントの一種」となり、「力を与えてくれるものでもなければ、わたしたちを解放してくれるものでもなくなった」現代においてわたしたちが危機的な状況に陥っているという見解とは、どんな関係があるのか？　このスレッドの中には、真剣さも、深い読みも、実際何が危機に瀕しているのかという認識もない。

きりのないその議論に、もしもなんらかの価値があるとしたら、それ自体がオバマの意見の実例となっているということくらいだろう。スレッドそのものが、公開討論を装った娯楽や気晴らしと化していることをあからさまに示している。これこそが、現代人の交流の仕方なのだ。大口を叩き、あらゆる会話を自分たちの都合のいいようにねじ曲げ、話題という話題の表面をさぐり回っては、唾を吐きかける相手を物色する。ブログやEメール、テレビのトークショー、市民集会や公開討論といったあらゆる場で、同じ現象がみられる。わたしたちの文化は、集中したり、ひとつのことを深く考えたり、自分と対立する立場の意見を認めあったりすることができそうにない。

ここで、もう一度フィッツジェラルドを引用したい。エッセイ集『崩壊』の一節だ。「本物の知性の試金石は、相対する意見を同時に考慮しながら、なおかつ自分に課せられた役割を果たす能力があるかどうかである」。この一文が記されたのは一九三六年二月。当時の情勢は現代に似かよったころがある。経済的にも政治的にも不安定で、国外には戦争の気配がただよい、国内には危機感を煽る者が大勢いた。ヒトラー、コグリン神父、ヒロヒト天皇、ヒューイ・ロング、ムッソリーニ、大恐慌、見せしめ裁判、中西部の大平原を襲った大砂嵐、スペイン内戦。こうした背景の中で、フィッツジェラルドは先の一文を書いたのだ。この一文を、ある論争と比べてみたい。二〇〇九年八月十八日、マサチューセッツ州ダートマスの市庁舎で、医療保険制度改革について話しあうために政治家を交えた市民集会が開かれた。そこで下院議員のバーニー・フランクと、ひとりの女性が火花を散らした。この女性はフランクに、オバマのナチ的政策をどうして支持できるのか、と尋ねたのだ。フランクはこう返した。「そんなことをいって、あなたは大統領をヒトラーのようだと卑しめ、医療保障を向上させようとするわれわれの努力をナチスの行いと比べるおつもりですか。以前も申し上げた通り、わたしの答は変わりません。あなたのおっしゃったような恥ずべき卑劣なたわ言が、これほどおおっぴらに世にはびこっているという事実は、言論の自由を保障するわが憲法修正第一条がいかに役に立っているかのよい証明だと思います」。だが、注目すべきはフランクの次のひと言だ。「マダム、あなたとまともな会話をしようとするのは、ダイニングテーブルと話そうとすることと変わらない。そんなことに興味はありません」。このひと言は、対立する両者間の溝がどれほど深いものであるかを示している。たしかに、フランクに理がある。だが、より大きな疑問はその言葉の裏に隠れている。この種の断絶には、論理的であれなんであれ、いったいどうすれば橋をかけることができるのだろうか？

本の場合、あるいはある程度の長さにわたる文章の場合、状況は違ってくる。もっと緩やかで、深く、静かだ。読み手は文章の中に入りこむことを求められる。するとその過程で、ふいに読み手自身の個性や感じ方が顔を出す。そこには、必然的に読んだ文章に対する共感の糸口が含まれているのだ。読書の最大の喜びについて、ジェーン・スマイリーは『小説について考える十三の方法』*の中でこう述べている。「それは、作家のプロットの作成や、人物描写や、主題の組み立て方といったものとは別のところにある。わたしは、作家がふとした拍子に気づいたり目をとめたりしたものから喜びを得る。わたしは、それらについて触れたささやかな言葉を（中略）貴重な芸術品とみなすようになった。ひとりの男――たとえばウォルター・スコット――が、一八一〇年のある日、通りを歩いていてたまたま目にしたもの。ひとりの女――たとえばエリザベス・ボウエン――が、一九二五年のある晩、フォックストロットを踊っているときにたまたま感じたこと。ひとりの男――ニコライ・ゴーゴリ――が、一八二〇年のある朝、ドニエプル川のそばで、たまたまかぎ取ったりきいたりしたもの」。貴重な芸術品。まさにそのとおりだ。それらは過去のものに限定されるわけではない。むしろスマイリーは、読書という行為の中で、時間という概念が崩れていく様を――いや、崩れかつ膨張していく様を――明らかにしている。スコットやボウエンやゴーゴリを読むということは、読まなければ知るはずもなかった瞬間を直接体験するということだ。だがそれ以上に、人間としての、彼らと自分たちとの共通性を体感することでもある。本に記されている苦しみは決して特別なものではない。意志の弱さも、激しい感情も、もろさも、つまらない嫉妬も、欲望も。聖アウグスティヌスが『告白』を書いたのは千六百年ほども昔のことだ。だが、彼の大きな精神的混乱や、存在のはかなさに直面して意味を見出そうとする試みや、切実な想いが、切々と記されているのを読んだとたん、時間的な隔たりは完全に消滅してしまう。スマイリーはこう書いている。「作家たちが体験したすべてのこうした瞬間を心の中にしまっておいたり、それらに自由に触れたりすることで、わたしたちは幅広い世界観が持てるのだ」。それがなぜ現代において大切なのか。スマイリーはこう説明している。

大量破壊兵器がありふれた風景となってしまっているこの世界の中で、わたしはこう考えざるをえない。他者——引き金に指をかけている側——の意識を感ずることと、それこそ、人間が生き延びるためには欠かせないものだ、と。小説が創り出す世界の中では、人々は、感じ、考え、他者の感じていることを考える高い能力を持っている。作家は書きたい主題にとりつかれると、それを入念に組み立てていく。書いてはみつめ、みつめては書き、考えてはまた書く。つまり、その作品は考えぬかれたものであって、理性と感情のどちらにも偏っていない。特殊と一般、専門的と常識的とのあわいに身を置きながら、小説はそれら両方が歩み寄るよう誘いかける。小説が何よりも声高に叫ぶのは、教訓は学ぶことができる、という考えである。学ぶのは登場人物だけではない。作家も読者も学ぶのだ。小説世界は固有の合理的世界だ。作家や登場人物が、そこでの世界の不条理さを嘆いているとしても、作中のそれぞれの出来事には必ず因果関係があり、事後的ではあっても、やはり関係はあったのだということがわかる。

スマイリーは小説について述べているのだろうが、彼女の言葉はすべての本に共通する次のふたつの性質を示している。よどみなく流れる感じと、直線的な展開。これらの条件は、直線的とはとてもいえない作品でさえ、ひとつの作品として定義づける。『カインの書』はみずから反小説的作品を名乗っているものの、これも同じだ。トロッキは読者の思いもよらない作品を目指したが、独特で一風変わった物語や重なりあういくつもの物語は、いたるところで、作家の感性（あるいは作家が創り出した分身）の歴史をたどっている。ロレンス・スターンの『トリストラム・シャンディ』は、最初から脱線して全編余談という傑作だが、スターンもなお、ひとりの人生を中心として作品を組み立てずにはいられなかった。ジェイムズ・ジョイスの『フィネガンズ・ウェイク』は、読まれることはまれだ。（正直に認めよう。わたしも全部読んだわけではない。まだ読み終わりそうにもない。これまでのところ、ひと口かじってはまた離れるといった具合で、ほんの少し読んでみただけだ。まるで、果てしなく広がる大海の端っこで、おっかなびっくりつま先を水に浸すかのように）。まさに、英文学におけるもっとも有名な非線形の作品である。この作品は、〝夢の物語〟を構造上の前提として展開されている。そこでは、暗示と連想が論理をしのいでいる。それは、前進も後退も同じ道筋をたどる閉じた輪であり、最後と最初の未完成な数行がつながって、メビウスの輪のように果てしなく循環し続ける物語を成している。「ずーっとひとすじにおわりのいとしいえんえん／川走《せんそう》、イブとアダム礼盃亭《れいはいてい》を過《す》ぎ、く寝《ね》る岸辺《きしべ》から輪《わ》ん曲《きょく》する湾《わん》へ、今《こん》も度《ど》失《う》せぬ巡《めぐ》り路《みち》を媚行《ビコウ》し、巡《めぐ》り戻《もど》るは栄地《えいち》四囲《しい》委蛇《いい》たるホウス城《じょう》とその周円《しゅうえん》」（柳瀬尚紀訳『フィネガンズ・ウェイク1／3・4』河出文庫より）。なにがなんだかよくわからない。しかし、この作品の意図を損なうことになるかもしれないが、こうもいえるのではないだろうか。つまり、一見、驚くほどまとまりを欠く作品にさえ、独自の輪郭と文脈（「今《こん》も度《ど》失《う》せぬ巡《めぐ》り路《みち》を媚行《ビコウ》し」）は備わっているのだ、と。

　これらすべての中心にあるのは時間の問題であり、そのことをジョイスは理解していた。「歴史は、とスティーヴンはいった。悪夢だ。ぼくはそこから目覚めようとしている」。ジョイスは先に『ユリシーズ』の初めのほうでそう書いている。この一文は人々の共感を呼ぶ。どんな人間でも、身動きが取れない感覚を経験したことがあるはずだ。つまり、絶え間なく前進を続ける現在と、決して振り払えない不動の過去とのあいだに板挟みになっているという感覚だ。初めてジョイスを読んだのは、大学四年生のときに受けた大学院の『ユリシーズ』講座だった。前記のスティーヴンの言葉が、暗闇の中の悲鳴のように思えた。ディラン・トマスが歌った「死に絶えゆく光に向かって／怒れ／怒れ」という詞と似ているように感じた。こんな言葉で二十代のスティーヴン・ディーダラスは実存の条件を嘆いている。われわれは、一切の発言権もなく、生きて死ぬよう宣告されているのだ、と。「頼まれてもいないのに生まれてきた」と、ローリー・アンダーソンがかつて歌ったように。のちに、わたしはさらに広い視点からスティーヴンの言葉を捉えるようになった。彼の言葉は、悲歌というより、ひとつの見解ではないだろうか。辛らつだが、同時になにげない諦めのため息にも感じられる。そして、わたしたちを追い詰めているのは生物学的知識や形而上的知識だけでなく、時間そのものなのだという認識もみてとれる。それは哲学的な抽象概念としての時間ではなく、具体的で容赦のない力としての時間だ。

シモーヌ・ヴェイユは、『カイエ』の中でこう述べている。「人間は時間のリアリティを本気で信じなければならない。さもなければ、夢をみているのと同じだ」。興味深いことに、メタファとして時間を選んだことにおいて、ヴェイユは『ユリシーズ』と『フィネガンズ・ウェイク』に書かれているのと同じことを無意識のうちに述べている。ジョイスとヴェイユは同時代人といっていい。ふたりとも一九四〇年代初めに死んだ。原子爆弾が投下され、アメリカ国民のそれまでの歴史観が永遠に葬りさられる直前だ。また、時間に対するふたりの感覚はどこか相容れないようにみえる——一方は時間を否定しようとし、いっぽうは認めようとしている——が、わたしには、ふたりのあいだにはわずかだが共通点があるように思えてならない。それは、時間こそ人間が有するすべてである、という認識である。大切なのはこの点だ。わたしたちは時間の中で生き、時間の流れの中で自身を理解する。時間は最後には人間を呑みこんでしまう。だが時間なしでは、わたしたちは自分たちが何者であるのかわからなくなってしまう。

しかし、現代文化にとって時間は敵だ。時間は豊かな文脈の源ではなく、逃れられない制約なのだ。わたしたちはこの制約を、実存的な方法ではなく、はるかに無味乾燥な方法でさばいてみせる。つまり、わたしたちは時間を秒単位に細分化し、ドルの損得に換算する。「こちらのご依頼人様を例にとってみましょう。マンハッタンで、番号案内のサービスを提供している方々です」。アサフ・ガヴロンの『オールモスト・デッド*』の主人公はそう説明する。このイスラエル人が勤めているのは、企業の事業の合理化を支援するコンサルタント会社だ。「彼らは、ニューヨークに二千人の交換手を置いて、ひっきりなしにかかってくる電話に応対させています。じつに一日五百五十万本もの電話番号照会の電話がかかってくるのですから。一本の電話につき一秒節約できれば、一日につき五百五十万秒を節約することができます。これは六十三日分、つまり、単純計算でひとりの交換手の三カ月分の労働時間に当たります」。『オールモスト・デッド』はブラック・コメディ（それも自爆テロの話だ）だが、ともかくこの部分は誇張ではない。わたしたちの暮らしぶりをあざやかに切り取ってみせている。ほとんどの現代人は携帯用の電子機器を持ち歩き、それらは十年前の最高のパソコンよりはるかに高機能だ。しかし、高機能な携帯機器はわたしたちを解放するどころか、むしろ休息の時間を秒単位で削り取るようになった。まるで、空き時間は最大限に活用すべし、といわんばかりだ。わたしたちは、何かにつけてEメールやフェイスブックやツイッターをチェックし、仕事や娯楽関連のウェブサイトをチェックする。家族と一緒にレストランにいるときにも、車の中にいるときも。

もちろん、これが役に立つこともある。つい先日、食事に出かけた際、ひとりの友人がレイとわたしにこんな話をした。イギリス人作家のジェフ・ダイヤーが、ロサンゼルスのゲッティ・センターで、『アートを経験する方法』と題して講演をおこなったという。友人の話によれば、ダイヤーの主張はこうだった。わたしたちがアートに夢中になるのは、（重要なのはここだ）それが物語だからだ。アートは一度きりの出会いとしてではなく、持続的なものとしてわたしたちの内部へ入りこんで展開するのだ、と。主張を裏づける例として、ダイヤーはウォルター・デ・マリアの『ライトニング・フィールド』をあげた。一九七七年、米国南西部のニューメキシコ州西部の平原に設置されたランド・アート・インスタレーションで、四百本のステンレスポールを一マイル×一キロの範囲に格子状に立てたものである。『ライトニング・フィールド』の魅力は、物語の誘惑とよく似ている。わたしたちは、時間をかけてこのアートを体験しなければならない。鑑賞者たちはこのランド・アートのすぐそばのキャビンで一泊しなくてはならないのだ。

たまたま、わたしは『ライトニング・フィールド』について読んだことがあった。エリン・ホーガンの『ジェッタに乗ってジェッティへ――アメリカ西部のランド・アートを巡る旅*』に書かれていたのだ。ホーガンは、デ・マリアのランド・アートを最初にみたときはがっかりした、と正直に書いている。だが、夜が明けたとき、彼女は価値観が変わるような体験をした。それこそずっと追い求めてきたものだった。「きこえたのは地面を踏みしめる自分の足音だけ」。平原を歩いていったその朝のことを思い起こしながら、彼女はそう書いている。「目の前に現れたのは、単なるステンレス製のポールや辺りの景色だけではなかった。選択の自由と、そこから開ける可能性を感じたのだ。眺望が開け、一歩進むたび、日射しがきらめくたびに、目の前の光景が変わった」。その中を移動するにつれてアートが変化する、という作品のアイデアはわたしも気に入った。作者と鑑賞者の相互作用が組みこまれている点が面白い。だが、友人がダイヤーの講義について詳しく話してくれるまで、『ライトニング・フィールド』を物語として考えてみることはなかった。今ではわたしにも、その光景に内在する文章のつらなりや、いくつものストーリーがみえる。そこでは、時間は単なる様式《メティエ》ではなくモチーフ、つまり作品の構成要素となっている。友人が話しているあいだ、わたしはブラックベリーを取り出してブラウザを開き、『ライトニング・フィールド』の画像を探した。レイはこの作品を知らなかったので、わたしは赤と金をおびた夕空を背景にポールが林立する画像をみつけると、携帯を彼女に渡した。小さな画像で郵便切手と大して変わらない。一本一本のポールは電球のフィラメントか針金みたいに細い。どんな光景なのか見分けるまでに少し時間がかかる。まるで、だまし絵のように。もしくは、『ライトニング・フィールド』そのもののように。レイは小さなスクリーンをみつめた。画面に明瞭な像が結ばれるまで、スクリーンの光が彼女の目に反射していた。ふと、妻の目が輝くのがわかった。画像を理解したせいかもしれないし、感動のせいかもしれないし、期待のせいかもしれない。「ぜひいってみなくちゃ」と、妻はいった。

これが、テクノロジーがわたしたちの世界を広げてくれる例のひとつだ。存在することさえ知らなかったものに近づく機会を与えてくれる。さらには、テクノロジーを有益に使えば、より大きなものに到達できるし、ひとつの経験に光をあてて深い意味を与えることもできるという例のひとつでもある。とはいえ、少なくともわたし個人は、この一件は特殊なケースだと考えている。過飽和状態のわたしたちの文化は、絶えず存在し続ける〝今〟の上に崩れてきつつあるからだ。より日常的にわたしが抱くのは、知的な意味でも感情的な意味でも表面だけをかすめていくような感覚や、なんとなく漂っているような感覚のほうだ。そんな感覚の中で、時間と文脈は、錨を失い漂流している。これこそが、わたしの注意散漫の本質だ。どんなときも、世界があまりにも手近にあるのだ。思いついたその瞬間にEメールをチェックできる。実際わたしは、日に二十回も三十回もチェックしている。いったいわたしは何を探しているのだろう？　何かを、何もかもを、いつでも最新の情報を手に入れる方法を。いや、その答はどうでもいい。探すという行為それ自体が目的なのだ。わたしは自分の名前をグーグルで検索するか、受信ボックスに入ってきたグーグル・アラートを読む。アラートのリンクをクリックすれば、地域新聞のウェブサイトに転載されている自分の文章や、わたしやわたしの本を批評するブログ記事へたどりつく。どの情報も読んだ瞬間はとても重要なものに思えるが、実際にはひとつとして記憶に残らない。いっぽうでわたしは、なんであれ、その瞬間に気になってしょうがないこと――世論調査でのオバマの支持率、イータン・パッツ誘拐事件の再審、ヤンキースのブルペンの状態――にいつでもアクセスすることができる。そして、ひとつでは飽き足らず一ダースもの記事を読み、動画や画像を開き、同じ内容の情報や引用文やデータを際限なく引っぱり出す。それらは、単にまとめられ方が違っているに過ぎない。それから、まるで新しい情報を引き出そうとでもするかのように、それらを細かく分析する。コンピュータ相手のこうした会話の内容はめったに変わらないが、それは問題ではない。むしろ、変わらないからいいのだ。知的な挑戦を受けて立ちたいわけではなく、気休めをしたいのだから。

見過ごされがちだが、ここには今までとの重要な相違がある。絶え間なく情報が流れる世界（ハイパーコネクティヴィティでも、二十四時間体制のニュース・ストリームでも、呼び方はなんでもいい）において、わたしたちは絶え間ない強迫観念に取りつかれているということだ。時流に遅れてはならない、情報の洪水のただ中で居場所を確保しなければならない、すべての情報やその意味を理解しなければならない、と。伝統的には、それは情報の番人、つまり権威者たちの仕事だった。だが、人間が平等化されたこの時代において、権威者たちお得意の上意下達方式は地に堕ちてしまった。彼らの退場を悲しむ気はない。彼らは問題解決のための話し合いから、たくさんの声を締め出してきたのだから。それでもわたしは、なんであれ文化的革命というものには警戒心を抱いてしまう。そうした革命は専門的な知識の重要性を否定し、経験から顔を背け、一九六〇年代の中国のようにまったく新しいものを創り出そうとするからだ（「情報は気晴らしとなり、娯楽となり、エンターテインメントの一種となっていきます。力を与えてくれるものでもなければ、わたしたちを解放してくれるものでもありません」）。それは、革命的誤信だ。あらゆる種類の〝新時代元年〟という誤信である。バスティーユ襲撃から、セックス・ピストルズの最初にして最後のアルバム『勝手にしやがれ！』まで、そうした例には事欠かない。個人的にせよ国家的にせよ過去をかなぐり捨てた「新時代元年」や「この世界のあちら側」といったものはない。「大躍進」によって新たな世界へ飛びこむための「時代の分岐点」もない。

にもかかわらず、わたしたちは数分ごとに大躍進の起こる文化の中で暮らしている。ここでは時間も前後関係もあまりに凝縮され、自分の不安にさえすぐには気づかないほどだ。すべてを一瞬のうちに知らなければならないというのに、どうして立ち止まることができるだろう？　絶えず反応を求められているというのに、どうしてじっくり考えることができるだろう？　自分自身と向き合う時間を作ろうとはもはや思えないのに、どうして何かに（アイデアにせよ、感情にせよ、決断のための思案にせよ）没頭することができるだろう？　情報のサイクルの速度を考えてみてほしい。わたしたちは情報がもたらされ、要約され、分析されることを望んでいる――ときには、その元のストーリーが、まだ進行中であるうちに。テクノロジーによって情報伝達が異常なほど加速したのは事実だが、わたしはここでテクノロジーの批判をしたいわけではない。わたしたちが自分たちの文化についてどう考えているか、歴史についてどう考えているかということを考えたい。

二〇一〇年上半期、アメリカでもっとも物議をかもした本は二冊の伝記的ルポルタージュだった。デヴィッド・レムニックの『ザ・ブリッジ』*。それとジョナサン・オルターの『ザ・プロミス』*である。レムニックはオバマの大統領当選をもって本を締めくくっているが、オルターは彼が政権についてから十二カ月間の政治的功績を記録し、出版直前に、医療保険制度改革に関する最新情報まで付けくわえた。まず、これら二冊の著作はテクノロジーの進歩を証明している。テクノロジーがあったからこそ、最新のニュースを取り扱うことができ、これほど早く市場に本が並んだのだ。いっぽうで、これらの本は大きな価値観の変化をも示している。わたしたちは、自分たちがいま、いまさにそのただ中にいる問題についてさえ解説を求めたがるのだ。今まさに自分たちが主役である世界についてさえ、ことこまかに知りたがる。四年間の任期の半ばも過ぎていないというのに、どうして大統領としてのオバマを評価できるだろう？　不確定要素もあれば、理解できないこともたくさんあるのだと認める余裕などあるのだろうか？　二〇〇九年十二月に、カリフォルニア大学サンディエゴ校に設置されている全世界《G》情報《I》産業《I》センター《C》は、こんな研究結果を発表した。「二〇〇八年の一年間で、アメリカ人は一・三兆時間にわたって情報を消費した。平均すると一日十二時間である。一年間分の情報の総量としては三・六ゼタバイト、一京八百四十五兆語。つまり、平均的な人間は、平均的な一日のあいだに、十万五百語、三十四ギガバイトの情報を消費している計算になる」。三百ページの小説がおよそ十万語である。これほど多くの文字を読んでいるとは頼もしいかぎりだ。だが、情報が断片的で、携帯メール、Eメール、印字情報、ツイッター、ブログ、その他雑多なウェブサイト——音声や動画はいうまでもなく——のあいだを行き来していることを考えると、同センターは、実際のところ何を追いかけたのだろう？　人間と言葉との交流ではなく、有象無象のあらゆるデータの流通を追っただけなのではないか。

さて、今こそ読書の——真の読書の——出番である。なぜなら読書には、余裕が必要だからだ。読書は瞬間を身上とする生き方からわたしたちを引きもどし、わたしたちに本来的な時間を返してくれる。今という時の中だけで本を読むことはできない。本はいくつもの時間の中に存在するのだ。まず、わたしたちが本と向き合う直接的な時間経験がある。そして、物語が進行する時間がある。登場人物や作家にもそれぞれの人生の時間が進行している。誰しもが時間との独自の関係を背負っている。文章の不変性についても述べておこう。昨日書かれたものだろうと千年前に書かれたものだろうと、本に記された文章は変化しない。おそらく何よりも重要な点は、読書がわたしたちに集中を求めることだろう。本に集中することで、わたしたちは知らず知らず内面生活という領域へともどっていけるのだ。ウィリアム・ジェイムズは、一九〇五年の論文「心理学」でこう述べている。「経験には注意を向けるべきだ。自分の注目したものだけが、わたしの心を作りあげている――興味の対象を選ばなければ、経験とはまったくの混沌である」。GIICの報告書をみるかぎり、わたしたちは道を大きく踏み外してしまったのかもしれない。イギリスの〈タイムズ〉紙に寄せた記事の中で、リチャード・ウッズとクリス・ヘイスティングズは、共同研究者のロジャー・ボーンの次の言葉を引用している。「われわれは注意力が短時間しか続かなくなっている。物事を深く考えるためにはよくない傾向だ」。彼らはエドワード・ハロウェルについても言及した。注意欠陥障害が専門の精神科医だ。「有史以来、今日ほど、人の脳が多くの情報を処理しなければならない時代はなかった。現代人はあらゆる方角から飛びこんでくる情報の処理に忙しく、(中略)考えたり感じたりする習性を失いつつある。現代人が触れる情報の多くは表面的なものばかりだ。人々は深い思考や感情を犠牲にしており、しだいに孤立して、他者とのつながりを失いつつある」

いうまでもなく、これはテクノロジーに対する典型的な非難である。人と人とをつなげるという名目のもとに、テクノロジーはわたしたちを引き離し、ついには自分自身からも引き離してしまう。ツイートしたい、メールしたい、ブログを更新したいという絶え間ない衝動によって、わたしたちはどうでもいい日常の出来事(「ランチには残り物を温めなおすつもり」etc)を共有し、自分たちは親密であるという幻想を抱くようになった。それによって、本質的なことが何かひとつでも明らかになるわけではないのに。この見解にまるごと同意するわけではないが、部分的には同意せざるをえない。わたしにはフェイスブックの友人がいる。だが、彼らに会ったことはない。このことが、〝友人〟という概念を貶《おとし》めているのは間違いない（まさにそれが理由で、最近では閲覧する頻度が落ちてきている）。フェイスブックを開いても、しばらく友人たちの更新記事を読むこともあれば、読まずに見送ることもある。どちらにするかはその日の気分次第だ。だがそのいっぽう、フェイスブックを通じて現実の人間関係を築いた――築き直した――こともある。昨年、サンフランシスコを訪れた際に、わたしは高校時代の旧友ふたりと飲みに出かけるという経験をした。三十年ぶりの再会だ。わたしにしてみればちょっと無理をしたといえる。昔を懐かしむほうではないからだ。それでも、彼らが今何をしているのか興味があったので、会ってみた。しかし、その後は興味が薄れ、彼らの情報はチェックしていない。

　こうしたことは、かつてのわたしたちと、今なりつつあるわたしたちとのあいだに、不思議なもつれが生じていることを暗示している。このもつれは、個人的なものでもあり、集団的なものでもある。それは、ひとつには、サイバースペースの仮想世界では何ひとつ本当の意味で過ぎ去ることも失われることもないという事実に関係しており、いっぽうでは、過ぎ去ったことや失われたことに一瞬でアクセスできる機能が、思いがけずわたしたちのアイデンティティと記憶を一新させてしまうということにも関係している。いうまでもなく、アイデンティティと記憶こそ、人間に経験というものが生じて以来、人間の経験を形作ってきたものだ。「過去は決して死なない」と、ウィリアム・フォークナーは『尼僧への鎮魂歌』の中で記した。しかし、フォークナーにとって〝過去〟という言葉は特別のもの（であり、得難いもの）を意味していた。歴史の重みや伝統の重みといったものだ。それらの重圧の下で、わたしたちが求めずにいられない最良のものとは「絶望をつかのま忘れ、逃れられない運命を遠ざけておくこと」だ。すばらしく調和的にまとまった小説である『響きと怒り』の中では、クウェンティン・コンプソン――統合失調症で、自殺を考えている――が、考えられるかぎりもっとも冷やかな言葉で過去の重圧を表現している。彼は「あらゆる希望と欲望の墓標を与えよう」と、父にいわれたことを思い出す。家宝の時計をゆずり渡されたときの言葉だ。「わたしがこの時計をおまえに与えるのは、時間を思い出すためではなく、むしろ、時折は時間を忘れるため、おまえが時間を征服しようとして一生を費やさないようにするためだ。勝利の得られた戦いなど、これまで一度もなかった。そもそもあんなものは、戦いでさえなかったのだ。戦場とは人の愚かさと絶望を露わにするものにすぎない。勝利とは賢者と愚者の幻想以外の何物でもない」。ほかの作品と同じように、フォークナーはふたつの次元でこの文章を書いている。形而上学的な次元（「人間は時間の存在を信じなければならない。さもなければ、夢をみているに過ぎなくなってしまう」）と、個人的な次元から。フォークナーがわたしたちに伝えようとしているのは、いくら忘れようとしても人間は過去の恩寵《おんちょう》のもとに生きている、ということだ。

だが、現代において過去はどんな意味を持つのだろう？　今やワンクリックで過去は露わになり、本人ばかりか、ウェブ上のプロフィールにアクセスできる人間ならだれでも、個人の経歴のさまざまな痕跡をみることができる。リッチ・コーエンは二〇〇九年にロサンゼルスタイムズにのったエッセイ（じつをいうと、そのエッセイはわたしが依頼し編集したものだ）の中で、ソーシャルネットワーキング時代における自伝的青春小説について考察し、このジャンルは早晩廃れてしまうのではないか、と懸念している。「たとえば、イリノイ州グレンコーのセントラルスクールの生徒たちについて書くとする。時代は、一九八二年頃としておこう。書き手はこう思いこむ必要がある。自分はすでにそのクラスメートたちから離れ、もっとましな交際関係の中にある。だから、小説を仕上げた後どんなことになるかなんて怖がらないで、昔の友人たちをめちゃくちゃにけなせばいい。彼らは自分の発言をききつけはしないし、仕返ししてくることもない。そもそも自分の居場所さえ知らないんだ、と。しかし、今の時代にそんな本を書いたなら、町をまるごと敵にまわすしかない」。だがここには、コーエンも結論の部分で書いているように、小説の一ジャンルが廃れてしまうことよりもっと大きな危険がうかがえる。

フェイスブックは、役に立たない細かい情報を洪水のように流すことで、忘れることを不可能にしてしまった。そのため記憶することも不可能になった。実際、記憶とは忘却に置き去りにされた物語である——過ぎゆく時間に無用の細部をはぎとられ、なおも残った本質的なものが記憶だ。わたしたちは記憶に刻むことで覚えると同時に、忘れることでも覚える。だがフェイスブックにおいては、過去は決して癒されない傷となり、したがって、意味のある経験の傷跡になることはない。

仏教徒たちは、水を描写するには泥が沈むまで待て、それまでは水の本質はみえないと説く。だが、オンライン上では浮き上がった泥が鎮まることはない。水は絶えずかき回され、覚えることを不可能にしてしまう。心の中の記憶はウェブページ上の詳細な情報に取って代わられる。それらは精密さという点では優れているかもしれない。だが、おそらく真実性では劣っているのだ。生まれ故郷の友だちは過去のものになってしまった。橇《そり》や湖やあの冬は過去のものになってしまった。想像と記憶のあわいにあった物語は過去のものとなり、それと共に、個々の事柄を普遍的な真実に、ありふれた日常をロマンチックな思い出に変えていたあのへだたりも過去のものとなってしまった。

こんなふうに、過去は近づきつつあるように思えるが、実際には遠ざかりつつあるのだ。

忘れることができない、したがって、覚えておくこともできない。ここにこそ、記憶とテクノロジーと自己が交わる地点がある。「立ち止まることを覚えておかなければならない。なぜなら、覚えておくためには立ち止まらなければならないからだ」。ジュディス・シュルヴィッツは『安息日の世界――異なる時間軸』*の中でそう述べている。シュルヴィッツにとって、安息日――正統的なものであれ、非正統的なものであれ、宗教的伝統の一環としてであれ、ふたたびつながりあうために作り直されたものとしてであれ――の魅力はそこにあった。本の終わりのほうで、シュルヴィッツはデヴィッド・レヴィについて述べている。「ワシントン大学情報学部の教授」であるレヴィは、彼のいう「情報環境保護」にむけて新たな研究を始めており、こう主張しているという。情報環境保護のためには、「湿地帯や原生林を開発や汚染から守るために戦うのと同じように、（中略）わたしたちは、コミュニケーションの過重負荷という〝汚染物質〟から自分自身を守るために戦わなければならない。汚染物質には次のようなものがある。第一に、わたしたちを情報の享受者ではなく、その選別者や管理者に変えてしまう、情報過多。第二に、有害で無益な偽りの情報の蔓延《まんえん》。第三に、思慮深さよりも処理の速さへ向けてわたしたちを急き立てる諸々の力」。対策を講じなければ、「わたしたちは、世界と深い関わりを持つどころか、世界から切り離されてしまい、より多くの情報を得るかわりに賢明な選択ができなくなってしまい、ついには人間らしさを失っていく恐れがある」。では、解決策は？「何らかの活動にじっくり取り組んだり、静かな場所をみつけて、内省や深い思索のための時間的・空間的聖域に身を置くこと」、いってみればテクノロジーの安息日を作れ、というわけだ。

二〇一〇年の三月、「安息日マニフェスト」と称するグループが、まさにそのテクノロジーの安息日について提案した。彼らは（皮肉なことに）ウェブサイトを立ち上げ、わかりやすいマニフェスト十カ条を示した。それらはわたしたちが「独自に解釈できるもので（中略）一週間に一度、生活に小休止を組みこむ」ものだった。以下に挙げるのがそのリストだ。

1. 電子機器を避ける
2. 愛する人たちと関わる
3. 健康をはぐくむ
4. 外へ出かける
5. 売り買いをしない
6. キャンドルを灯す
7. ワインを飲む
8. パンを食べる
9. 静かな場所を見つける
10. お返しをする

異議は特にない。ほとんどは常識のようなものだ。「愛する人たちと関わる」ことの嫌いな人間がいるだろうか？　ワインを飲んだり、パンを食べたり、キャンドルを灯したり、健康をはぐくんだりすることが嫌いな人間もいない。しかし、これらを意識的に覚えておくためのリストが必要だということ自体が、現在のわたしたちの文化状況の特徴を物語っている。「携帯電話や携帯メールやソーシャルネットワーキングは、揺るぎない〝機械的時間〟つまり、時計の刻む確固たる時間を侵食するようになった」と、シュルヴィッツは述べている。「こうして、わたしたちは〝流動的時間〟の中で宙に浮くようになったのだ。その時間の流れを、わたしたちは好きな方向へ変えることができる」。これは基本的にシュルヴィッツにとっては、現実的な時間の力学なのだ。テクノロジーのおかげで、わたしたちは必要に応じて時間を曲げられるようになった。時間に合わせて行動しなくてもよくなった。だが、哲学的に考えてみるとどうなのだろう。可動的な時間は、わたしたちの活動にどのような影響をもたらしたのか。それだけではなく、世界の見方にどのような影響をもたらしたのだろう。エヴァ・ホフマンは、二〇〇九年に出した深い考察に基づく著作、『タイム』*の中でこう書いている。「スピードが、それだけで価値を持つ時代になってきた。スピードは外的時間も内的時間も細分化してしまう。なぜなら、ばらばらな出来事も一貫性のある意味や目的でつながっていると考えていないと、それらが起こっている各瞬間をつなげることができないからだ」。さらに重要なことに、テクノロジーの効率のよさ――大量の情報を保存し、一瞬で供給できる――にこそ、おそらく最大の危険性が潜んでいるのだ。ホフマンもこう書いている。「パラダイムチェンジをその現場で把握しようとするのは、おそらく、天使も足を踏み入れない場所をうろつくようなものだ」。だが、そういいながらも、ホフマンは大胆に次のように書いている。

実際、わたしたちが、自分たちの知的活動をさまざまなテクノロジーにゆだねる割合は増えつつある。それにともなって、諸々のデジタル機器が、わたしたちの精神・身体能力を補う人工器官として働くようになっている。わたしたちは空間的な位置確認を衛星ナビゲーションシステムにゆだね、数学的計算をしかるべき機器に任せる。実際、自分のかわりにおおかたをコンピュータに考えてもらうというのは魅惑的だ。ウェブの情報を切り貼りして作ったコラージュをながめて、一貫性のあるいいものができたとか、ちぐはぐだけれど面白いものができたなどと思いこむことができる。大量の情報をコンピュータのメモリに保存できる今、たしかに、それらを記憶しておく必要性は減っている。口承文化の時代に、あるいは検閲制度下のソ連で詩人や作家たちが発揮した驚くべき記憶力は、わたしたちの時代精神《ツァイトガイスト》のもとにおいてはとうてい信じがたいものだ。ナジェージダ・マンデリシタームは、夫の詩をすべて暗記していた。書き記すには危険が大きすぎたのだ。ソルジェニーツィンは、強制労働収容所《グラーグ》の中で、書いたものを一ページずつ暗記してから処分した。たいていの現代人には想像もつかない記憶力だ。その驚きは、今後いよいよ深まっていくのかもしれない。今や、わたしたちの記憶は多くの保管場所に保存され、整理されて、手軽に取り出すことができる。

様々な思考や記憶をテクノロジーに肩代わりさせることで、わたしたちは知的活動を外在化させている。だが、精神と魂が求めるのは、内面性なのだ。

ホフマンはアイデンティティについて述べているのだ。つまり、わたしたちは、自分のアイデンティティを、経験や記憶の無数の断片から作り上げる。経験と記憶は、人生の、直接的かつ本質的な素材だ。ここでもまた、テクノロジーは実存的な問いを投げかけてくる。個人的にであれ、どうであれ、わたしたちは歴史とどう関わっているのだろうか、と。歴史といっても、マンデリシタームやソルジェニーツィンに限って話をするつもりはない。彼らの話を心に留めておくことはためになるが、ここでいいたいのは、きわめて日常的なレベルでも、電子メモリは、人間と過去との関係からある種の作用を奪ってしまうということだ。わたし自身の例をひとつ示したい。七歳のとき、父親に初めて野球の試合に連れていってもらったときのことだ。一九六八年九月二十日の金曜の夜に、むかしのヤンキー・スタジアムでヤンキース対レッドソックスの試合がおこなわれた。何ひとつ忘れてはいない。全部覚えている。その夜のことは何もかも、輪郭のくっきりした映像として覚えているのだ。一塁側のボックス席に座ったのも、スロープを上って観客席へ出ると、フィールドが芝の深緑と土の赤茶の鮮やかなコントラストの中で輝いていたのも覚えている。カクテル光線に照らされた野球場をみるのは、そのときが初めてだった。ヤンキースのミッキー・マントルが、メジャーリーグでの彼の最後のものとなるホームランを打ったのも、レッドソックスのカール・ヤストレムスキーが決勝打になるホームランを打ったのも、フリッツ・ピーターソン対ジム・ロンボーグの投げ合いも、レッドソックスが四対三で勝ったことも覚えている。四十二年経った今では、こうした個々の記録にたいした重要性はない。特筆すべきことのなかったシーズンの終盤に行われた、消化試合の断片だ。それでも、わたしにとってはとても価値がある試合だった。この一戦が出発点であり、創世神話なのだ。このとき、わたしの野球とヤンキースへの熱狂が、本格的に形作られたのだから。

こんなふうに記憶は反響し、わたしたちの内部で経験に輪郭を与えたり、意味づけをしたりする。そのとき置かれた状況と向き合い、その場に確固として存在すること、これが重要なのだ——あの試合をここまではっきりと思い起こすことができるのは、集中して観ていたからだ。あそこまで何かに集中したのは生まれて初めてだった。その試合の動画をユーチューブで観たことは一度もない。マントルのホームランの瞬間さえ、みていない。視覚的な証拠は何もない。あるのは、頭の中にくっきりと残るイメージだけだ。それらのイメージがあまりに鮮やかなので、一時期いぶかしく思ったこともあった。記憶というものはえてして曖昧なものだ。そこで、大学に入ってから、そのときの試合をマイクロフィルムで調べてみた。実際の試合は、記憶とほとんど相違なかった。思い違いといえば、ヤンキースの右翼手ビル・ロビンソンが放った、両チームを通じてその試合で三本目のホームランに関する記憶くらいだった。わたしはてっきりランニングホームランだと思っていたのだが、実際の記録は違っていた。そしてつい二、三年前、試合の概要がのっているホームページをブックマークに登録した。おかげで、両チームの打撃や守備などの記録ばかりか、統計にもとづくさまざまな分析結果までワンクリックで読むことができる。それらの分析の中には、選手たちのひとつひとつのプレーを仔細に考察しているものまである。

いっぽう、これは情報過多の暗喩以外の何物でもない。どんな人間に、そこまで詳細なデータを手元に置いておく必要があるだろう？　マントルが三回裏、ツーアウトでホームランを打ったことを知っていれば、あるいは、次のバッターのロイ・ホワイトがレフトフライに倒れてその回が終わったことを知っていれば、わたしの人生はなにかしら豊かなものになるのか？　いや、違う。そういった詳細なデータ群を入手するほど、想像よりも事実が気になってくる。そして、経験が何らかの形で定量化できるような気になってしまうのだ。そうした感覚のもとでは、記憶は押さえつけて検証できるものになり、表面的な状況のほうが、本当は何が起きているかということよりも大切になってしまうのだ。こうした統計データは、世間の人々ではなく、そのときその場に身を置いたわたしはどう感じたのか、ということを含んでいない（含むことができない）。データをみても、形のない個人的な体験については何もわからない。父親のとなりに座って試合展開を説明してもらうことがいったいどんなことなのか、それを教えてくれるデータはないのだ。しかし、それこそが、物語の原点だ。それこそが、自分の外にあるものを内面化し、自分だけのものに変成させ始める瞬間だ。だが今のわたしたちに、どうしたら物語のための場所を空けておくことができるだろう？　今や、あらゆるもの――電話番号、写真、動画、あるいはきわめて個人的な意見――を公開したり、保存しておいたりできるようになっており、何かを記憶しておく責任はぐっと軽くなっている。しかし、それでは選ぶ必要もなくなってしまう。（「興味の対象を選ばなければ、経験とはまったくの混沌である」)。この混沌の文化からあふれるあらゆる情報やタグや記事やコメントや、気晴らしのツールといった文化的漂流物は、永遠の現在に浮遊するサイバー空間の一部として存続しつづけるのであり、それはつまり、わたしたちは過去から決して逃れられないということを意味している。そんな状況を、どうとらえればいいのだろう？

　ここに、確実性や正確性に関する錯覚のルーツがみられる。それは、わたしたちの混沌とした社会生活を、あらゆるところで支配するようになってきているのだ。先ほどのものとは別の野球の試合に対する世間の反応をみてみよう。幻に終わった完全試合だ。投手はデトロイト・タイガースのアーマンド・ガララーガ。相手はクリーヴランド・インディアンス。二〇一〇年の六月二日、ガララーガはメジャーの歴史で二十一番目の完全試合の達成を、あとワンアウトというところで逃したのだった。ジム・ジョイスという名の一塁塁審（この人物は、アインシュタインの「神はサイコロ遊びをしない」という説が誤りだという証人となるだろう）が、一塁でのありふれたプレイに誤審をくだしたのだ。ジョイスはクリーヴランドの打者ジェイソン・ドナルドを「セーフ」と判定したが、それはだれがみてもアウトだった。その瞬間、誤りは事実となり、この幻の完全試合はわが国のスポーツ史上最も有名な、片チームヒット一本の試合となった。野球はつねに、まさにこうした数々の瞬間によって面白味を増してきたのだ。奇妙な瞬間、すばらしい瞬間、どこかしっくりこない瞬間などによって。ハーヴィー・ハディックスもそうだ。一九五九年の五月二十六日、当時ピッツバーグ・パイレーツの投手だった彼は、ミルウォーキー・ブレーブスを相手に、延長十二回までは完全試合を続けていた。だが、結局ノーヒットノーランを達成することができずに、十三回で負けた。さらに、ボストン・レッドソックスの投手アーニー・ショーは、一九一七年六月二十三日の対ワシントン・セネタースの試合で打者を二十六人連続で打ち取ったが、残念なことにそれは、先発投手のベーブ・ルースが先頭打者をいきなり歩かせてマウンドから降ろされたあとのことだった。

これらは試合というよりは、もはやそれぞれが物語というにふさわしい。野球という大きな物語を織り成す一本一本の糸なのだ。ガララーガの一件も当然同じだ。だが、ジョイスがぶちかました誤審の直後には、殺しの脅迫や試合結果をひっくりかえせという抗議が後を絶たなかった。ホワイトハウスさえ、報道官のロバート・ギブズを通して「球界が彼の完全試合達成を認めることを望みます」というコメントを発表した。当時はあらゆるウェブサイトで問題の試合のＶＴＲが流れていた。ガララーガが一塁ベースカバーに入り、一塁手ミゲル・カブレラの送球をキャッチすると、ジョイスが両手を大きく広げてセーフを叫ぶ（「歴史は……悪夢だ。ぼくはそこから目覚めようとしている」）。引きつけられずにはいられない映像だ。デトロイトのコメリカ・パークがふいに静まり返り、ガララーガのチームメイトはダグアウトで目をむき、当のガララーガは、現れては消える噂話のような笑みを幾度か顔に浮かべる。今、この目でみていることがとても信じられない、とでもいうように。だがわたしたちは、それが起こった一瞬――なんともいいようのない、一生に一度あるかないかの、文字通り一度も語られたことのない瞬間――を大切にすればいいものを、どうしたら誤りを正せるか、いやそもそもこれは正すべきことがらなのかといったことにあくまでこだわってしまう。思いがけない幸運や、人間らしい過ちや、思いもよらない神のよきはからいを忘れ、再生画面の高解像度の鮮明さ（この場合は特に「正しさ」と読んでほしい）のほうに目をうばわれてしまうのだ。

こうした反応は、わたしたちはとかく木はみても森はみない、ということを示している。あらゆる状況を善か悪かという基準だけでみるなら、複雑な現実と格闘する必要はなくなる。世界を白黒いずれかの極小の明度帯だけで分けるのなら、グレーの無限のグラデーションにこだわる必要もなくなる。これと同じことが、わたしたちと読書との関係……おそらく、ほとんどの読書との関係においていえる。なんといっても、本はこれまでずっと文化における驚きの源だった。本を愛する人間からみても、そうでない人間からみても。思春期のころのわたしは、家族が集まる場所ではずっと本を読んでいた。祖母は、孤立感から本の中に没頭するわたしに、本を置きなさい、団らんに加わりなさいとうるさくいったものだ。今になって同じ苦情がコンピュータがらみで表明されているのをきくとは、まったく皮肉だと思う。もちろん、紙のページとウェブページとは別物だ。ただ、両者がどれだけ違っているのかは、今のところよくわからない。こうした中、最近では電子書籍が増えはじめ、話題の中心はテクノロジーのほうへ移ってきた。

　電子書籍は、まだ書籍市場の大部分を占めているわけではない（書籍産業研究グループ《BISG》が二〇一〇年五月末に発表した報告によると、同年第一四半期における電子書籍の売上は、合衆国全体の書籍総売上の五パーセントを占めており、二〇〇九年同期に比べ一・五パーセント増加している）。だが電子書籍は、広く低迷が認められているこの業界における、数少ない成長分野のひとつなのだ。米国出版社協会《AAP》によれば、電子書籍の購買額は二〇〇八年から二〇〇九年にかけて百七十六・六パーセント増加しており、二〇一〇年第一四半期には、対前年同期比二百五十二パーセント（とんでもない数値だ）増加しているという。もっとも、数値をきいてもいまひとつピンとこないかもしれない。ガイ・リチャールズ・ゴンザレスは、二〇一〇年六月九日付で、「デジタル・ブック・ワールド」のＨＰに寄せた記事の中でこう述べている。「消費者需要から、デバイスやデジタル著作権管理《DRM》のシステム、著作権侵害の懸念と信頼性のある売上データまでみる限り、生まれたばかりではあっても明らかに成長著しい電子書籍市場は、今すぐ答が知りたいむきにとっては、得体のしれない混乱と化しつつある」。こうした技術の諸々の進歩が、わたしたちの読書の方法に影響を与えることは間違いない。二〇〇九年に、全米芸術基金《NEA》は『増加する読書』と題した調査報告を発表した。それによると、「長編小説や短編小説、戯曲や詩」といった「文学作品の読書」は、二〇〇二年から二〇〇八年にかけて三・五パーセント上昇している、という。ＮＥＡは、このとき初めて、オンライン読書を調査の対象に入れたのだ。このデータは様々な角度からみることができる。重要な文化的指標として、あるいは、例外的な統計データとして。だがいずれにしても、わたしたちが置かれているひとつの状況を示していることに違いはない。わたしたちと、本や著述といったものとの関係は、複雑になるいっぽうだ。

　わたしが自身の読書生活の中でそうした変化に初めて気づいたのは、二〇〇七年の暮れにザッカリー・ラザールの小説『動揺』*を読んでいたときだ。この本は、時代を象徴する三つの物語（一九六二年から〝オルタモントの悲劇〟にかけてのローリング・ストーンズの台頭。アンダーグラウンドの映画監督ケネス・アンガーの奇妙な長い旅。チャールズ・マンソン率いるカルト集団と死刑判決を受けた殺人者ボビー・ボーソレイユにまつわる伝説的な物語）を織り交ぜ、一九六〇年代の暗黒面を明らかにしている。〝水瓶座の時代〟が内側に崩壊し、〝悪魔《ルシファー》の夜明け〟が近づきつつあった時期だ。『動揺』は奇妙な本だ。けばけばしい外観と、崩壊の可能性に満ちている。だが、もっとも奇妙な点は、書かれている言葉とはほとんど関係のないことかもしれない。それは、この本の歴史としての役割、文書証拠としての役割、そして、この小説が引き起こすなんとももどかしい複視《ダブルビジョン》の感覚だ。この小説には、おびただしい資料が使われているが、それらの資料は小説の外にあって、また別の物語を語っているのだ。『動揺』を読みながら、わたしはインターネットから離れることができなかった。ラザールが小説で説明しているのを読んだあと、アンガーが一九四七年に発表した短編映画『花火』をユーチューブで検索し、『スコーピオ・ライジング』も検索した。こちらは、一九六四年に公開された暴走族映画だ。この映画がカリフォルニアで上映禁止になったため、アンガーはちょっとした有名人になった。『動揺』のストーンズのくだりでも、わたしは、メイズルス兄弟によるライヴのドキュメンタリー映画『ギミー・シェルター』の一場面を何度も再生した。観客のひとりのメレディス・ハンターが、ライヴの警備をしていたギャング団、ヘルズ・エンジェルズにナイフで刺し殺されるシーンだ。ステージでは、ストーンズが「悪魔を憐れむ歌」を演奏している。わたしにはその曲が悪魔を呼び出すまじないで、バンドにもコントロールできない魔力を解き放ってしまったかのように感じられた。

こんなふうに、ラザールの著作やメイズルス兄弟のドキュメンタリー映画の裏には、人の心に強く訴えかける工夫がこらされている。彼らの作品は一九六〇年代のディオニュソス的狂乱を悲観的なレンズ越しに描くことによって、表面下にひそむものをわたしたちにみせるのだ。そうしたわけで、わたしがまず映像を直接みてみたいと思ったのは自然なことだったし、ひとまず本は置き、もっとも直接的に、つまり映像でこの時代の矛盾と向き合いたいと思ったのも自然なことだった。だが、そのたびに、わたしは別の矛盾と向き合うことになった。言葉と映像のあいだの矛盾、それは――ほかに適当な言葉がみつからないので、こう呼ぶが――内的生活と外的生活とのあいだの矛盾だ。ここに、本と映像（動画であれ静止画であれ）の本質的な違いがみえてくる。本が内側から外側を照らし出すものであるのに対し、映像はその逆なのだ。言葉とは内的なものだ。わたしたちは、他者の記した言葉から、自分なりのイメージや映像やリアリティを創り出さなくてはならない。それこそが、言葉の力の源だ。つまり、真の意味で他者と相互作用的であるということが。しかし、わたしたちが現在身を置いている文化の中で絶えず求められているのは、当の文化自体の枠から踏み出し、イメージするものを客体化し、そうしたプロセスがうまくいくかどうかを見直すということだ。いったいわたしたちはどうふるまえばいいのだろう？『動揺』を置くたびに、わたしは自問せずにはいられなかった。自分は小説の要点を理解しつつあるのか（題材を正確にとらえているか、積極的に作品の中へ入っているか、その過程でラザール本人と向き合っているか）、それとも要点など完全に見失って、作品よりもその素材となった出来事そのものに関心が移ってしまっているのか。どちらだろう、と考えずにはいられなかった。板挟み状態だった。手にしている小説の価値を高めているようにも、貶めているようにも感じられたのだ。こんな状態で本を読んだことは初めてではない。サーストン・クラークの『ロバート・F・ケネディ――最後の選挙戦』[*]を読んだときにも、ユーチューブにアップされていた数時間の動画をみた。ロバート・ケネディの、一九六八年の悲劇的な大統領選挙戦を、時間軸に沿ってまとめたものだ。だが、『動揺』のほうは、歴史物ではない。歴史事実を下敷きにした小説だ。しまいには、その本に取り組もうとするあまり、新たな疑問が生まれてきた。コンピュータを活用して作品中に描かれている場面を探しあて、文字通りそれをみてみることは、小説の力を高めるのか。それとも、その力を分散させてしまうだけなのか。さらにそれは、記憶に、読むという行為に、作品の世界に分け入ってそれを体験しようとするわたしたちの能力に、どのような意味を持つのだろうか。

机上の空論を展開するつもりはない。これは情報過多の世界の中で物語とどのように関わり合えばいいのか、その核心に踏みこむ問いなのだ。ニコラス・カーは『ネット・バカ――インターネットがわたしたちの脳にしていること』という本の中で、こう述べている。「ここ数年来、わたしは、ずっと不快な感覚に悩まされている。だれか、あるいは何かが、わたしの脳をいじり回して神経回路を組み換え、記憶を再プログラムしているような気がするのだ。自分でわかる限りは、頭がおかしくなってきているわけではないが、頭の中が変わってきているのだ。わたしはもう、かつてと同じプロセスでは考えていない」。カーにとって、それは知的、社会的なものではなく、化学的な問題だ。テクノロジーが人間の脳の回路を配線し直している、というのだ。そうしたことが生じる仕組み自体は特に新しいものではない。カーはこう書いている。「紀元前八千年という大昔から、人間は小さな粘土でできた代用貨幣を用いていた。単純な記号を刻んで、家畜やその他の家財の数を記録するために用いたのだ。そうした原始的な記号を読み取るときでさえ、人間の脳は新たな神経回路を作り出し、視覚野と、記号の意味を理解するための領域をつなげる必要がある。最近の研究によると、そうした回路を経由する神経の伝達作用は、意味の明らかな字や図をみたときには、無意味な落書きをみたときと比べて、一倍から三倍も活発になるという」。いうまでもなく、ここにパラドックスが生じる。脳内の化学組成が変わるにつれてわたしたち自身も変わっていき、ついには、「人間であるとはどういうことか」という問いはいよいよ難解なものになる。読書という行為を例にとってみよう。カーは黙読について細かく検討している。たいていの人々は、黙読を、ありふれた行為として当たり前のものだと思っている。だが、黙読は学習によって身につく行為であり、習得するには意志力や持続的な集中が必要とされる。それは実のところ、本能の誘いかけに抗うものだ。カーはこう説明している。

自然な状態の人間の脳は、人間に近い動物たちと同じで集中力を欠いている。本能的にわたしたちは、こちらの対象からあちらの対象へと視線を、つまり注意を、移すようにできているのだ。これは、周辺の状況をできる限り把握するためである。（中略）かつてのわたしたちにとって、間断なく反射的に焦点を移すことは、生き延びるために不可欠なことだった。これによって、捕食者から不意打ちされたり、近くの食糧源を見過ごしたりする確率を減らすことができたのだ。(中略)

読書とは、反自然的な思考の訓練だった。ひとつの静止した対象に持続的で途切れることのない注意を向けていなければならない。そのため、本を読む者は、自分の身をある場所に置くことになった。T・S・エリオットが『四つの四重奏』の中でこう呼んだ場所——つまり、「回転する世界における静止した一点」に。

この文章はいくつかの違った読み方ができる。文明と抽象概念の関係を示すものとしても読めるし、知的生活の危険性を述べた一見解としても読める。結局のところ、プラトンが『国家』の中で詩人追放論を唱えたのには理由があるということだ。もっとも、カーにいわせれば、プラトンのこの主張は読み書きの否定ではなく、本質的には口承文化への攻撃だったということになるが。ともあれ、先の引用文が暗に示しているのは、進化とよく似たプロセスだ。わたしたちがいつのまにか放りこまれていた環境に適応するための戦略といってもいい。工業化の進んだ西側世界においては、ずいぶん昔から、日常レベルでは、捕食者の襲撃や生きるための最低要件の確保について案じる必要はなくなっている。わたしたちは、それ以外の形で自己の存在を主張できる。そして読書は最も本質的な意味で自己主張が強く、読み手と強く結びついているのだ。カーはワシントン大学動的認知研究所の最近の研究結果を引用している。それによると、フィクションを読む人々は「物語の中で新たな状況に出くわすたびに、それらを脳内で疑似的に体験する。登場人物たちの行動や感情を細かな点まで行間からすくいあげ、自分が過去の体験から得た個人的な知識と融合させる」という。さらにカーは引用を続ける。「そのとき活性化する脳領域は、『現実世界で似たようなことをしたり、想像したり、みたりするときに活性化する脳領域と同じである』。研究主任のニコール・スピアは述べている。『深い読書は決して受動的行動ではありません』。読者は本と一体化するのだ」

読者は本と一体化する。これは重要な――おそらく、もっとも重要な――指摘だ。カーは、読書とは心の状態や体験を描き出す方法、あるいは刻みこむ方法であると述べている。読書とは、それによって人生の認識にいたる、人生のひな形である、と。これは感情のリハーサルのような形で表われる。つまり、どんな場面であれ、わたしたちがある場面を読んで心を動かされ、筋の展開や登場人物に共感できたときに、感情移入という形で現れるのだ。読書とは、自己認識の一形態であり、それが達成されるのは、逆説的だが、自己を他者と重ね合わせたときである。それは、わたしたちをきわめて具体的に変化させる抽象的なプロセスだ。ここでふたたび、ジェーン・スマイリーの『小説について考える十三の方法』の一節を引用しよう。

わたしたちは小説の死について話すとき、実際にはある可能性について語っている。それは、小説は死んだと考える人々は、どんなにささやかなものであれ共感というものを抱くことは決してないという可能性だ。もしも小説が国を治める役人たちにとって「死んだ」とすれば、彼らはすぐに、傲慢で自己陶酔的で愚かな政策を行うだろう。もし小説が男たちにとって「死んだ」のなら（出版社や批評家たちによれば、昔にくらべて男性は小説を読まなくなっている）、彼らは友人や家族の内面世界を以前ほど理解できなくなっているだろう。小説が、テレビやゲームに明け暮れる子どもやティーンエイジャーたちにとって「死んだ」のなら（そもそも「生きて」いたことさえないとすれば）、彼らはこの先他者を理解することはなく、自分自身を理解することもないだろう。しかし、小説が死ぬ運命にあるとしたら、それに代わるものはなんだろう？

思うに、テクノロジーごときに小説は殺せない。映画やもろもろの視覚的娯楽は、小説に取って替わるにはあまりにも性質が違いすぎる。また、小説を禁じることも不可能だろう。大量の小説が市井《しせい》に出回っているのだ。それを排除するのは銃や弾丸を排除するのと同じくらい難しいだろう。しかしながら、小説が世の中の主流から外れることはありえる。女性と子どもにしか読まれなくなり、権力者たちには影響を与えない。もしそんなことになれば、この社会は無慈悲で殺伐としたものになってしまうだろう。わたしたちとよく似た話し方をし、よく似た外見をそなえながら、自分たちのことも互いのことも理解できない人間たちによって。

だが、結局のところわたしたちは、起こっていることがらも、自分たちをよりよく進化させる方法も、自分ではコントロールできないのかもしれない。インターネット時代に突入して二十年そこそこだというのに、すでにわたしたちの脳は再構成され、いわば情報の狩猟採集民モードへと逆行しつつある。カーは述べている。「〈マーシャル・〉マクルーハンが指摘したように、メディアは単なる情報の伝達媒体ではない。メディアは考える題材を提供するだけでなく、こちらの思考の道筋まで形成するのだ」。それも、あっというまに。『ネット・バカ』の中で、カーは二〇〇八年に行われた実験について説明している。ＵＣＬＡの〈記憶と老化研究センター〉が、「デジタルメディア利用における生理学的・神経学的影響」について調べたものだ。実験が明らかにした脳の発達の範囲と速度は、驚くべきものだ。二十四人のボランティア――カーによれば、「ネットサーフィンに慣れた十二人と、初心者十二人」――に、ごく普通のかたちでグーグルでの検索をしてもらいながら、彼らの脳機能を検査した。その結果、研究者たちは以下のような法則を発見した。「コンピュータの利用に慣れた被験者の場合、脳の左前方にある特定の回路を使っている。背外側前頭前皮質として知られる部分である。ネット利用に不慣れな被験者たちの場合、その部分はほとんど活性化しないか、あるいはまったく反応をしなかった」。それから五日のあいだ、ネット初心者の十二人は一日一時間インターネットを使うよう指示され、その後でもう一度脳機能を検査された。すると、「ネット初心者においても、ネットに慣れた被験者たちにおける実験結果とまったく同じ脳前部の神経回路が活性化するようになっていた」。カーはこのように〈記憶と老化研究センター〉の報告内容を紹介し、「五時間のネット利用で、初心者たちは脳の神経回路を組み替えた」と書いている。彼は続けて別の研究を引き合いに出した。それは読書とネットサーフィンの違いをさぐる研究だったが、結局、コンピュータを使う作業では読書より多くの脳領域が使われていることがわかった。実際、人はコンピュータを利用すると（ここにも矛盾がみられるのだが）、集中力を持続できるかもしれない、という結論に至った。しかしそれは、集中の種類が違う。ある種の知性や感情が瞬時にはたらくことを優先する、ショートカット回路における集中なのだ。「ウェブサイトの読者としてリンクへの入口をひとつ見つけるたびに」と、カーは書いている。「一瞬わたしたちは停止し、クリックすべきかどうかを前頭前皮質が判断するのを待たなければならない。こんなふうに、注意を向ける方向が、文字を読むことから判断をくだすことへ変更されるのだが、わたしたちはそれを感知できない。脳内の変化は瞬時に起こるからだ。だが、その変更は理解力と記憶力を低下させることがわかっている。とくに、変更が頻繁に繰り返される場合、著しく低下する」

ここに新たな疑問が生まれる。コンピュータ上での行為を〝読書〟と定義していいのだろうか。それともそれは、実際のところ、何か別のものなのだろうか。わたしが『動揺』や『最後の選挙戦』を読んだ際の行動についても、同じことが問われるだろう。あれは、本とコンピュータ、両方の世界における最良の（あるいは最悪の）部分を取りこんだハイブリッド法だった。それについては、〝第二の声の文化〟という観点から考えるのがいいと思う。〝第二の声の文化〟とはウォルター・オングが、一九八二年に出した『声の文化と文字の文化』の中で提示した概念である。オングの考えはこうだ。「ほぼ瞬間的に、また様々な主体が連携しながら大量の情報をやり取りすることの現代において、印刷物もしくは書き言葉のように語の直線的配列によるマスコミュニケーションは、今や流動的な情報のごった煮の中に沈もうとしている。いっぽう、この情報世界は、高度なテクノロジーに依存してはいるが、かつての声の文化が有していた双方向性という特性を有している」。ここにも矛盾がみえるように感じるとしたら……それが、わたしたちの置かれている現状だ。カーはさらに続けてオングの文章を引用している。「手書きと印刷とコンピュータは言葉に次々にテクノロジーが応用された歴史だ」。覚えておく価値のある一文だ。この言葉は本も技術的進歩の一例であることを思い出させてくれる。そう、たった六百年足らず前に、グーテンベルクが最初の情報革命を起こしたのだ。その時代も、今わたしたちが生きている時代と類似点がなかったわけではない。当時も革命を快く思わない人間たちはいた。十五世紀のヴェネツィアの裁判官、フィリッポ・ディ・ストラータもそのひとりである。彼はこう断言した。「ペンが処女なら、印刷機は娼婦である」と。

だが、いくらディ・ストラータのような人間であっても、現代の複雑な状況を同じような明確な表現でくくってみせるのは難しいかもしれない。それには別のメタファが必要だ。二〇〇七年、イギリスの作家のジム・クレイスが、『隔離小屋』という小説を発表してまもなく、ロサンゼルスを訪れた。中央図書館で開かれたイベントで、ジムは『無用のアメリカ』(Useless America) という幽霊本の話をした。これはクレイスの著作の中でももっとも部数が少なく、もっともよくわからない本である。というのも、実在しないからだ。コンピュータのエラー——より正確にいうなら、一連のエラー——による産物だ。始まりはクレイスが『隔離小屋』の契約書にサインしたときのことだった。その時点ではまだタイトルが決まっていなかったので、彼は契約書のための仮題として、ゆいいつ書き終えていた出だしの一文を記入した。「ここは《This》かつて《used to be》アメリカだった《America.》」。ところが、それがなぜか「無用のアメリカ《Useless America》」と変換されてしまったのだ。こうして幽霊本が誕生した。「コンピュータがどんなしろものか、ご存じでしょう」。クレイスは図書館で冗談まじりに語った。「まったく、めちゃくちゃなことをやってくれますからね」。たちまち『無用のアメリカ』は、ＡｍａｚｏｎＵＫの商品一覧に登録され、二十八ものレビューがついた。クレイスは自分で何冊も注文し、しまいに販売ランキングを八十六位にまで押し上げた。ついに『隔離小屋』が出版されると、クレイスのアメリカでの担当編集者ナン・A・タリーズは、『無用のアメリカ』を冗談半分で出版することにした。限定七十五部のペーパーバックの普及本だ。献辞と内容に関する注記を載せ、裏表紙には架空の推薦文をずらりと並べた。

表紙を開くと、クレイスの手になる二ページ分の前書きがあって、この本が生まれたいきさつが明かされている。残りのページは白紙だ。

白紙の本は非常に象徴的だ。文学がもたらす多くの可能性のひとつでもある。だがクレイスも承知しているように、ここには何か別のものがはたらいている。なんといっても、現代においては文学の多くの可能性がより手軽で派手な娯楽によって絶えずより高尚な媒体へと押し上げられている。一方で、そうした文学の可能性に反応するためのわたしたち自身の能力もまた、いやおうなく変化しているのだ。わたしたちは後戻りできない。だが、前進する方法も、静寂と雑音を調和させる方法もいまだ知らない。あるいは、それら空白のページすべてがひとつの予兆であり、本一冊分の価値を表しているのかもしれない。

ロサンゼルスの図書館で、クレイスは『無用のアメリカ』をくじの景品として提供しながら、妙にはしゃいで、コレクターはこのサイン本に千ドルも出すんですといった。聴衆が、そこに隠された意図、つまりその本と言葉の相対的価値についてのコメントを期待したとしても、クレイス本人はこの状況をもっと実利的にとらえたがっていた。千ドルは大金だ。厳密な意味では読書と関係ないにせよ、それでも『無用のアメリカ』は魅力的な一冊だ。「ネットオークションで売るといいですよ」。クレイスはくじに当たった女性にそうアドバイスした。その空っぽの本にサインをしてあげましょう、と約束した後で。

# 第4章

# 文学という鏡

ある晩ノアが、ちょっとみてほしいものがあるんだ、というと、コンピュータに向かっていたわたし（おなじみの病を発症中だ）の前にわりこんできて、フェイスブックにログインした。数秒後、わたしたちは「ジェイ・ギャツビーのパーティへようこそ」と題されたページを読んでいた。イタリア人の大学生ふたりが開設したページだ。四万六千人ものユーザーが登録しており、その多くが、フィツジェラルドの作品を読むという課題を抱えた高校生だった。ページ上にはコメントがびっしり並んでいる。ほとんどが冗談半分か、少なくとも皮肉っぽいものだった。たとえばこんな調子だ。「ぼくがキャサリンとのんびり歩いていると、彼女の姉貴のマートルが、トムやほかの数人の男連中と連れだってやってきた。すべてがうまくいっていたのに、やがてマートルがトムに向かってわめき始めた。するとトムはマートルの鼻を折ってしまった！神に誓っていう。トムは大ばか者だ！」『こんなものが面白いんだろうか？』わたしは胸のうちでつぶやいた。ノアは、ページをスクロールしながらコメントを飛ばし読みしている。写真、動画、思いつきのひと言、宿題を手伝ってほしいという依頼、それに討論などが次々と出てくる。わたしが気に入ったのは、三コマ漫画だった。トムがデイジーを抱き寄せながら、恋敵をこんなふうに嘲《あざけ》っている。「おまえとおれたちとじゃ、まるっきりちがうんだ、ギャツビー。おれたちは由緒正しい旧家の出身だ。（中略）どれくらいの旧家かって、じいさんのタマくらい古いのさ」。ノアのお気に入りは、ギャツビーのパーティで交わされた噂話をネタにしたやり取りだった。「ギャツビーは人を殺したことがあるらしい」というセリフに応じて三つのレスポンスが続いている。「ギャツビーはドイツのヴィルヘルム皇帝と親戚らしい」、「ギャツビーは有名な酒の密売人らしい」ときて、最後に「いや、ギャツビーは強烈な暗喩らしいぞ」とくる。わたしたちがふたりして笑ったのは、『マートルの最期』と題された十五秒の動画だった。マートルがデイジーの運転する車に轢《ひ》かれて死ぬところを再現したものだ。あの場面は作品のクライマックスのひとつである。動画ではギャツビーの黄色いロードスターの代わりにSUVが使われ、マートルの代わりに、ジーンズとセーターを着せたマネキンが郊外の道ばたに立てられていた。みているとSUVは画面を横切り、巧みにマネキンをはねとばして腰からまっぷたつに折ってしまった。画面の外から息の音が混じった笑い声がきこえてくる。動画を撮っている子のものらしい。

そうたくさんではないが、数個の小銭がちゃらちゃら鳴るような音もきこえた。〈ジェイ・ギャツビーのパーティへようこそ〉が象徴しているのは、きわめて二十一世紀的な広がり方だ。現在の読者と作家の関係性が浮き彫りにされている。わたしの『動揺』や『最後の選挙戦』の読書体験と同じように、そこでは読者と作家とのつながりのあいだに、読者と本の外の世界とのつながりが生じている。だが、ユーチューブ上の動画とは異なり、このフェイスブック上のページは、解釈をふくみ、特定できる個々人によって書かれ、真に相互的で、わたしたちはどんなふうに本と共鳴するのか、そのありのままを反映している。このページで大勢の若者がしていることは、ある種の集団意識の表出のようだ。それは、電子機器がもたらすあらゆる注意散漫と対照的であり、わたしたちを予期せぬ深みへと導いてくれる通路かもしれない。寄せられているコメント自体は特に啓発的なものではない。『こいつらめちゃくちゃアホだよな:-)まじで最高』などといったコメントを読んだところでどうしようもないが、まあ思い入れのほどは買いたい。啓発的なのは、彼らが互いにつながりあうその方法のほうだ。彼らのやり取りは、いつ終わるとも知れず螺旋形《らせんけい》につながる会話のように、ふくらみ、変化しながら、本の外に向かって展開していく。

彼らの論調は、普段目にするネット上のコメントのほとんど対極に位置するものだ。

ここで行われているのは、中心に据えられたテーマをめぐる語り合いである。フィッジェラルドの小説に刺激を受けたユーザーたちが、悪意とはほど遠い、それぞれに工夫をこらしたレスポンスを交わし合っている。その理由は、多くのユーザーたちの年齢と関係があるのだろう。彼らのプロフィール写真をみたり、気楽に崩した文章を読んだりしていると、不思議と自分も高校時代へ舞いもどっていくような気がする。宿題を抱えていることをほのめかすコメントもいくつもある。あるユーザーは「灰の谷とT・J・エクルバーグ博士について意見を聞かせて。至急！」と書いていた。しかしなお、わたしにはどうしても、こうした論調の違いが年齢によるものだけではないように思えた。むしろ、どれだけ真剣に本と向き合っているかという問題、ひいては自尊心の問題でさえあるのではないか。このページ上にいるのは、仮想現実内のネットユーザーではなくリアルな人々である（と、わたしは思う）。書きこまれるコメントには、本名と本人の顔写真と、彼らのマイページへ飛ぶリンクが付いてくる。少なくともそれによって、どんなコメントにも説明責任がつきまとう、という空気ができあがっている。わたしはかねてから、匿名性こそインターネットが自らの首をしめるものだと考えてきた。それはわたしたちに、仕返しの心配も償いの心配もなく、他者へ唾を吐きかけることを許す。トマス・ペインが民衆を扇動したかどで訴えられはしまいかと憂慮するのと、どこかの臆病なネット住民が匿名で無責任な投稿をするのとでは、天地の差だ。そう考えると、〈ジェイ・ギャツビーのパーティへようこそ〉をみて喜ばずにはいられない。本名を隠した大人のネットユーザー（「国民が事実を知りすぎると、あんたの社会主義計画の邪魔になるのかい?」）よりも、高校生たちのほうが責任ある振る舞いをしているのだから。さらに、〈ジェイ・ギャツビーのパーティへようこそ〉が自然に明らかにしている事柄――文学とテクノロジーの関係、外へ表出されたものが内へ取りこまれる様子、それに、若い読者たちの本の読み方――についても、喜ばずにはいられない。

大学生のころ、わたしも、友人と一緒に似たようなことをやったものだ。テクノロジーを使ってある文学作品に切りこもうとしたのだ。その作品とは、カフカの『変身』。当時も今も愛してやまない一冊だ。この作品について、カフカ&フォークナー研究ゼミで、わたしたちが研究発表することになった。担当教授がふたりの作家にどんな関連性を持たせようとしていたのかは覚えていない。そもそもふたりのあいだにはなんら関連性はなかったのかもしれない。しかし、ちゃんと覚えていることもある。教授がわたしたち学生に、研究対象の作品と自由に戯れさせてくれたこと。そして、文学がなお人間にとって生きた力でありつづけるなら、学生たちは独自の方法で作品との交流を図らなければならないと考えていたこと。わたしと友人の場合、独自の方法とはビデオを撮ることだった。正直に書くと、最初の動機は「楽そうだ」と思ったからだ。わたしたちは四年生だった。レポートを書くより、カフカのその中編小説を脚色して現代版をでっち上げるほうが簡単だと考えたのだ。

全体はこんなふうに進んだ。まず、わたしたちは友人を何人か集めて、手を貸してくれたらビールをおごると約束した。それから役割を分担し、ひとりの友人のアパートをセットとして使わせてもらうことにした。それは、一九八〇年代の初め、フィラデルフィア西部でのことだ。セットに使った友人の住まいは傾いた安アパートの二階で、急な狭い階段がついていた。入るといきなりやけに広い寝室になっていて、あとは小さなキッチンがついていた。わたしたちは、協力してくれる友人たちもみな、当然『変身』は読んでいるだろう、少なくともあらすじくらいは知っているだろう、と思いこんでいた。「ある朝、不穏な夢から目覚めたグレゴール・ザムザは、ベッドで寝ているあいだに自分が巨大な虫に変わっているのに気づいた」。あらゆる文学作品の中でもこれほど刺激的な出だしがあるだろうか？　だが、わたしたちはありきたりな脚色には興味がなかった。興味があったのは、作品を自分たちなりに解釈したうえでビデオ映像として再現し、作品と対話することだった。そうすれば、愛する作品に敬意を表しながらも、わたしたちはこの作品を所有し、それに新たな生気を吹きこむことができる。友人もわたしもとりわけ興味を抱いたのは、カフカがマックス・ブロートに原稿を焼いてくれと頼んでいたことだった。ブロートがそうするはずはないことはわかり切っていたにもかかわらず。なぜカフカは自分の父親に頼まなかったのだろう？　息子より長生きした父親は、即座に原稿を焼き捨てていたはずだ。なにしろ彼にとって息子は悩みの種だったのだから。友人もわたしも心ひかれたのは、カフカの場合、登場人物たちの身にふりかかる事件の原因が、彼ら自身にもあるということだった。『訴訟』におけるヨーゼフ・Kは、なんらかの罪を犯していたに違いないのだ。その罪が、腐敗した社会の一員であるということであるにせよ。虫になったグレゴールにしても、彼はある意味、すでに一匹の虫だった。疲れ切って、会社や家族に寄りかかり、日々の生活の中を虫のように駆けめぐっていた。友人もわたしもビデオをこっけいなものにしたいと思っていた。ふたりとも（わたしは今でもそうだが）、カフカのユーモアがともすれば見過ごされていると考えていたのだ。この動機は、未完のまま終わったミルトンのビデオを撮ったときと同じようなものだ。そして、わたしがミルトンのときにもそうしたように、わたしたちは、カフカの読者にしか分からない楽屋落ち風のジョークをビデオのあちこちに散りばめることにした。

　結局、わたしたちの作った翻案物は、グレゴールの変身ではなく、いわばその前日談から始まることになった。まず、朝の六時に、グレゴールが足を引きずるように——昆虫のように——、三十街区駅の中を通勤電車に乗ろうとして歩いていく場面を撮った。その場面では、即興で、グレゴールの姉とその恋人を登場させた。姉の彼氏は作家で、自分の作品は捨てたほうがいいと断言する。だが、グレゴールがそれをきいて、作家が持っていたノートのページを破り取ってマッチで火をつけようとすると、作家は激昂する。「何やってるんだ？　ぼくは比喩的な意味でいったんだ」。そのあと、グレゴールの姿が変わり始める場面になると、わたしたちは多重録音した不気味な電子音楽を流し、反転機能を使って映像をネガのようにみせた。それから部屋の家具をアップで映した。その中には、ナイトテーブルに開いて伏せられた『変身』も含まれている。まるで、グレゴールが、これから現実のものとなる彼自身についてのストーリーをさっきまで読んでいたかのようにみせたのだ。

　数年後、わたしはたまたまマイロン・ブリニッグの『震えるまぶた』*に出会った。一九三三年に出版された小説で、南カリフォルニアが舞台になっている。主人公のカズロン・ロアノークという作家はしだいに、自分が書いている話の筋とほぼ同じことが現実に起こっているのに気づく。自分が夢想した物語が、現実世界で起こり始めたのだ。当然ながら、これは、すべての作家——あるいは読者——の行為に対する鮮やかな暗喩になっている。わたしたちは言葉を取りこみ、自分なりに変容させる。言葉に反応し言葉を作り直し、それを自分のものにしてしまう。(「読者は本と一体化する」)。最良の本とは、こういうことを可能にするもっとも開かれている本のことだ。わたしたちとともに成長し、様々な時に様々な形でわたしたちを受け止めてくれる本のことだ。『彷徨』、『オン・ザ・ロード』、『響きと怒り』、『ベツレヘムに向け、身を屈めて』、『変身』。わたしはこれらの本を読み、そして読み直した。十代、二十代、三十代、四十代のときに。いつ読んでも、それらは何かしら新しいことに光をあててくれる。新たな視点、観点を示してくれる。それは、作者やストーリーだけでなく、わたし自身を理解するのにも役立つ。たとえば二十五歳のわたしには、ノース・プラットを通り抜けながら読んでいた『オン・ザ・ロード』を、サルとディーン、ジャックとニールというふた組の少年たちが果てしないアメリカだけでなく、果てしない宇宙の中でさまよう話として読むことができたはずもない。そのためには歳を取らねばならなかった。彼らが経験したことを自分でも経験し、その立場から作品をみてみる必要があった。『変身』についても同じことがいえる。存在のむなしさを描いたこの作品を今のわたしが読むと、グレゴールの運命は決して彼固有のものではないように感じられるのだ。わたしたちもまた、同じ運命を共有しているのではないか、と。『グレート・ギャツビー』でさえ、わたしたちがみるべきことがらを映し出す鏡のようなものとして読むようになった。昼メロ、アメリカに対する熟考、堕落と愛の喪失に関する深い理解。その鏡の中に何をみるかは、わたしたちが誰で、どこにいるかによって変わってくる。

その意味で、〈ジェイ・ギャツビーのパーティへようこそ〉は、文学と現実世界が活発に関係し合う好例だ。フィツジェラルドの作品への反応がリアルタイムでつながっていくのだから。わたしたちの『変身』のビデオと同じように、投稿されるコメントは皮肉っぽくふざけたものになりがちだ。結局のところ、親密さを感じているからこそ、愛着や漠然とした欲望を感じる対象をからかうことになるのだ。だが、その真ん中にはもっと深い意味がひそんでいる。小説とフェイスブック・グループ双方の表面下には、ある関連性がひそんでいるのだ。ひとりの生徒がこんなコメントを投稿していた。「フィツジェラルドにはみんなムカついてんじゃないかな。（中略）たった一冊の本に、象徴的意味ってやつをこんなにぎゅう詰めにするなんて」。この投稿は議論を呼び起こし、延々二十四ものレスポンスが続いた。投稿の核心には、ひとりの生徒の不満だけでなく、小説というものをわたしたちがどう捉えているのか、文学にどんな効用を期待しているのか、その本質が表れている。それらのレスポンスを読みながら、ふたたびわたしは、文学の授業における誤った考え方のことを思い出していた。そこでは、小説の読み方には正しい方法と間違った方法があるとか、本というものは長い暗号のようなもので、だから解読可能だとかいう考え方が浸透している。わたしはまた、中学校で『蠅の王』を学んでいたときの不満も思い出していた。あのときは、作品を誤解する読み方を教えられているように感じ、教師は作中にありもしないものを探そうとしているように思えた。

「じゃあ、ギャツビーとデイジーはひとつの卵ってわけ?」フェイスブック上でひとりの女の子がそんな質問をし、自分で答えてみせた。「そうか……西の卵と東の卵ってわけね。ちょっと、こんなたわごと、誰にだって書けるわよ」。やがて、議論の発端となる投稿をした生徒が、別の生徒に、テストの答案の書き方についてアドバイスした。「適当なことを並べて、要点だけ押さえとけばいいんだ。〝アメリカン・ドリームは嘘だ〟とか〝ギャツビーのデイジーに対する執着〟とか。金持ちと成金の違いとか。(中略)そうすりゃAは間違いない」。皮肉なコメントだ。だが、当の小説に対する皮肉ではなくて、教師の教え方に対する皮肉だ。だがその瞬間、このフェイスブック上の仲間たち――これら一連のコメントの投稿者たち――は、この先も出会うであろう学究的な読書法よりもリアルで、もっと文学の流れに迫る何かをつかんだのだ。

もちろん、そこに流れるものを理解するためには、その本を読まなくてはならない。これもまた、〈ジェイ・ギャツビーのパーティへようこそ〉の核心だ。このサイトをチェックするようになってから最初の数回は、そのことが、まるで果たされなかった約束のようにわたしを悩ませた。ノアはこのサイトをわたしに教えてくれたころには『グレート・ギャツビー』を読み終え、注釈の宿題と、作品全体に流れるいくつかのテーマについてのレポートを提出していた。あの日、車で短い会話を交わして以来、わたしたちが『グレート・ギャツビー』についてふたたび話し合うことはなかった。唯一の例外はノアが、最後の何章かはすごくきれいな文章だと思った、と感想をもらしたことくらいだ。だから、わたしは自由の身だった。荒海へ泳ぎ出て息子を助ける必要もなければ、家へ連れ帰る必要もない。それでも『グレート・ギャツビー』はナイトテーブルの上に置かれたままになっていた。最後まで読み通せなかったわたしの無力を、無言のうちに非難しているかのように。わたしは終わりまであと七十ページのところで立ち往生していた。ニックが何度目かの――そうギャツビー邸での――パーティから戻ってきた直後の箇所だ。ここですべての人間関係が、あるいは関係の断絶が確固としたものとして明らかにされるのだ。わたしが読むのを中断した直前のシーンで、ギャツビーは、デイジーに良い印象を与え損ねたといって嘆いた。

「デイジーは気に入ってくれなかった」ギャツビーはいきなりいった。

「そんなことないだろう」

「いや、気に入らなかったんだ。楽しそうじゃなかった」

ギャツビーは黙りこんだ。その沈黙が、言葉にできないほどの落胆を物語っているかのようだ。

「デイジーが遠くへいってしまったような気がする」ギャツビーはいった。「彼女にはわかってもらえない」

「ダンスのことかい？」

「ダンスだって？」ギャツビーは、過去に彼が開いてきたすべてのダンスパーティを、ぱちんと指を鳴らして消してみせた。「あのさ、ダンスなんて問題じゃないんだよ」

今、ギャツビーはこの場面から動けずにいる。彼もニックも同じ場面から動けないまま、自分たちの物語をわたしが最後まで見届けるのを待っている。そう考えてみると、わたしはずっと誤解してきたらしい。溺れそうなのはいったいだれなのか。それはノアではなく、ギャツビーとニック、それに、このわたしだったのだ。息子はとうの昔に安全な船にもどっていたというのに、わたしたちはいまだに水の中にいる。あいかわらず海の中にいるのだ。潮の流れに逆らって進むかどうかは、もっぱらわたし次第だった。

第5章

# 本を本たらしめるもの

二〇一〇年早春、ある日の朝食の席で、女友達がiPadをみせてくれた。それは四月のことで、iPadが世に出てまだ一、二週間しかたっていなかった。評判通り、アップル社は売上が大きくのびていると発表していたが、わたしにはそれらが実社会になんらかの影響を与えているようには思えなかった。電子書籍リーダーをめぐる謎のひとつは、普段の暮らし――わたしの行動範囲が狭いのかもしれないが――ではめったにお目にかかれない、ということだ。統計データは知っている。それが巻き起こした熱狂も知っている。だが、実際に電子書籍リーダーが使われているのをみた回数を数えるには、両手の指で足りる。ひとつには、わたしがロサンゼルスに住んでいるということが関係しているのかもしれない。ディディオンも述べていたように、この街では「たいてい、一日の大半を（中略）ひとりで車の運転をして、いくつもの通りを走り抜ける。それらの通りは運転手にとってなんの意味も持たない。だからこそ、ロサンゼルスという街はある種の人々を陽気にし、また別の人々を漠とした不安で満たす」。この街で優先されるのは私的な空間であって、公的な空間ではない。わたしはめったにバスや地下鉄に乗らないし、子どもたちが大きくなった今、公園へもほとんどいかない。いきおい、偶然面白いものに出くわす機会は、ニューヨークのような伝統ある街と比べれば少なくなる。だが、大勢の人々がいあわせる場でも、電子書籍リーダーを目にする機会はたいして多くないような気がする。飛行機に乗るとき、発着ロビーや機内でいくつかみかけることもある。だが、その数はわずかで、思ったよりずっと少ない。最近、一週間ほどパーム・スプリングズで過ごしたときには、プールサイドに座っていた女性がキンドルで読書しているところをみた。バーンズ＆ノーブル社のヌークもソニーのリーダーも、店頭に並んだモデルを除けば一度もみたことがない。ｉＰａｄも、友人がそれを取り出して使い方を実演してくれるまで、アップルストア以外の場所で実物をみたことはなかった。これら一連の事実は、ある種の断絶がなお存在することを示している。文化が現に存在している場所とその目的地とのあいだにある断絶。それに、読書の未来を決定するかにみえる機器と、現在時制においてわたしたちがそれらをどれだけ使用するかという問題とのあいだにある断絶。

とはいいながら、しまいには、わたしもｉＰａｄのとりこになってしまった。結局のところ、わたしは技術革新反対主義者ではないからだ。自分のｉＰｏｄを気に入っているし、ブラックベリーも気に入っているし、テクノロジーが与えてくれる無限に広がる可能性も気に入っている。夢中になりすぎて自分を見失わないかぎりは。その朝食の席で、わたしは友人のｉＰａｄでマーベル・コミック社製のアプリを開き、『Ｘ－メン』のページをスクロールしてみた。デジタル画像の絵の鮮明さにはほれぼれした。それぞれの絵を拡大し、ストーリーを一コマずつ追っていく。映画をみているともコミック本を読んでいるともつかない、どこかアニメーションをみているような感じだった。次に友人は、ｉＢｏｏｋ版のＡ・Ａ・ミルン作『クマのプーさん』をみせてくれた。体験用に初めからインストールされていたものだ。タッチパネルを軽くなでては物語を読み進めながら、わたしは初めて電子書籍というものを体験した。それは、本にそっくりだった。ページ番号が振られ、絵があり、各ページを通じて統一されたデザインへの配慮もある。わたしは、その少し前からキンドルを持っていた。だが、めったに使わなかった。画面の使い勝手がよくないのだ。わたしは紙の上で考える。ディスプレイの上で考えるのではない。本を物として、また工芸品として考えることが好きだ。読書を三次元的で手で触れられる体験として考えることが好きなのだ。そのような体験においては、テクストの見た目や手触りや匂いさえもが、わたしの夢中の度合いに、あるいは夢中になれるかどうかに影響してくる。

二〇〇九年八月三日の〈ニューヨーカー〉誌に寄せたエッセイで、作家のニコルソン・ベイカーは、こと読書ということになると、キンドル2(わたしのと同じ機種)は全米最大の情報量を誇るデータベース、ネクシスが持つ魅力をすべて兼ね備えていると述べたうえで、こんな不安をもらしている。「問題はキンドルのディスプレイが白黒であることではない。ほんとうに白黒であるのなら、それでかまわないのだ。問題は、ディスプレイが灰色だという点にある。それも、ただの灰色ではない。緑がかった病的な灰色、死人の色である。サイズ変更のきくフォント——Monotype Caecilia——は、背景よりも濃い灰色になっている。淡い緑がかった灰色にかぶさる濃い灰色、それがキンドルのディスプレイの色調なのだ」。わたしも同意見だ。わたしがキンドルに切望することのひとつが、紙の上のインクの鮮やかさだからだ。ベイカーの言葉を借りるなら、「清潔なテーブルクロスのうえに置かれた塗り箸のような、くっきりと黒い文字」だ。だが、キンドルに欠けているものはほかにもある。適当な言葉がみつからないが、それは、いってみれば読書の魅力とも呼ぶべきもの、本を本たらしめる捉えどころのないものだ。ベイカーは、その点に関しても問題をうまく整理してくれた。

たしかに、キンドルで読書はできる。わたしも手始めに何冊か読んでみた。トマス・ド・クインシーの自伝『阿片常用者の告白』の一部を読み、ロバート・ベンチリーのエッセイ集『愛はすべてに打ち勝つ*』から何編か読み、キプリングの短編集『ジャングルブック』の数編を二、三の異なった版で読んだ。ところが、これらの名作からなんの喜びも得られなかった。ベンチリーの作品からはグルーヤス・ウィリアムズの挿絵が省かれており、「昆虫は思考するか?」に出てくるカリバチのくだりさえ、キンドルの灰色のディスプレイで読むとどこか違って感じられた。わたしは、ひとつ実験をしてみた。コモン・リーダー社が出している『愛はすべてに打ち勝つ』のペーパーバック版を探し、同じカリバチのくだりを読んでみたのだ。今度は声を出して笑った。もう一度キンドル2にもどり、同じ部分をもう一度読んでみた。笑えない。当然といえば当然だ。同じくだりを三度も読めばユーモアも色あせる。だが、重要なのは、一度目にキンドルの画面上で読んだときにおかしいと思えなかったことだ。Monotype Caeciliaは厳格なカルヴァン主義者である。あらゆる作品を、特殊活字の堆積《たいせき》に変えてしまう。

ベイカーにとって、問題はほかにもあった。たしかにキンドルには、千五百冊の本を保存しておけるかもしれない。個人的な蔵書としては十分な量だ。一週間に一冊読み、それを毎週続けたとしても三十年はもつ。だが、それらの蔵書を貸したり、ただで譲ったり、印刷したり、友人にメールで送ったりすることはできない。iPadやiPod（こちらには専用のアプリがある）を使えば別だが、競合するべつの電子書籍リーダーを使ってそれらの蔵書を読むこともできない。ベイカーはこう述べる。「キンドルで本を買うとき、実際にわたしたちは何を買っているのだろう。それは、文字の列を個人的利用のために目の前に表示する権利である。そのためにはAmazonが許可した電子表示装置の助けを借りなければならない。（中略）表示される文字列はデジタルコードの閉鎖的な集合体で、所有を許されるのはその購入者のみである。キンドルの本は所有者が死ねば、ともに死んでしまう」。これは当然ながら、書店と読者とのあいだに閉ざされた関係《クローズドループ》を築くための、漏れのないアイデアだ。ここには契約と管理に関する問題がくっきりと浮かび上がっている。そして、それと似たような問題が、出版社と作家との関係にも生じている。とりわけ重要なのは所有権をめぐる問題だ。結局のところ、所有権こそ契約の本質なのだから。異なるのは、紙の書籍はいったん市場へ出てしまえばそうした力関係から自由になって、あくまでひとつの物体として存在するという点だ。Amazonにとってみれば、いまや本が存在する場はぐっと狭まり、規制の水準を大幅に上げることが可能になっている。これは、企業にとっては好ましいことだ。主導権を強く行使できればできるほど、業績は上がる。だが文化にとってはどうだろう。本とは多くの人々が共有する精神的な拠り所であり、記憶装置としての役目も果たしている。それは、単に商取引において売り買いされる対象としてよりもはるかに重要な意味を持つ。そうしたものを、直接、個人同士で分かち合うことができないとしたら、情報を共有し将来に伝えることができなくなってしまう。

ベイカーの記事が世に出る一週間ほど前に、Ａｍａｚｏｎは顧客のキンドルの中から、ジョージ・オーウェルの『一九八四年』と『動物農場』を消去した。それらの作品を電子出版した会社が版権を取得していなかったことが理由だったが、いい結果にはつながらなかった。顧客からすれば皮肉のひとつもいいたいところだし、Ａｍａｚｏｎ側にしてみれば事前の広報をどうすべきだったのかという問題がある。そうしたことは置いておくにしても、Ａｍａｚｏｎの決定は、顧客からも社内からも反発を買い、消費者たちが抗議の声をあげると決定はたちどころに撤回された。Ａｍａｚｏｎは世論によって、『一九八四年』に描かれている検閲者に例えられてしまったのだ。歴史を改ざんするため、不都合なニュースはみつけ次第〝記憶穴〟と称する焼却炉に放りこむあの検閲者たちに。この件はいくつかの根本的な問題を提起している。各種情報システムの本質に関する問題、それと、知的で文学的な生活を電子モデル化する場合に生じる諸課題だ。このような問題や課題は、Ａｍａｚｏｎに限ったものではない。二〇一〇年六月にアップル社は、会社全体の反ポルノ方針を理由に挙げて、『ユリシーズ』のウェブコミックバージョンからコマをいくつか省くよう、制作者たちに強要した。登場人物たちが裸で登場する場面だ。これはそのコミックがｉＰａｄのアプリショップで発売される直前のことだった。ここでもまた、たちまち激しい非難の嵐が巻き起こった。ケビン・ケラハーが、〈ザ・ビッグマネー・ドットコム〉にこう書いている。「どこかで、ジェイムズ・ジョイスはスティーブ・ジョブズのことを笑っているにちがいない。（中略）大学で現代文学の授業をとったものなら誰でも知っているが、『ユリシーズ』は合衆国で発禁になったことがある。花火の上がる浜辺でレオポルド・ブルームが自慰をするシーンが問題になったのだ。最終的に裁判所は、この場面は劣情をそそるものではないのだからわいせつではない、という判決を下した」。わたしたちはこう思わずにはいられない。お次はなんだ？　と。『吠える』か？　それとも『チャタレイ夫人の恋人』か？　『北回帰線』か？　過去七十五年にわたる検閲をめぐるあらゆる争いを、今度は電子媒体の戦場で繰り返さなければばならないのか？　はるか昔に紙媒体で決着はついているというのに？　電脳社会は素晴らしき新世界なのかもしれない。クレイ・シャーキーのようなネット信奉者たちは好んでそう主張している。だが検閲という点に関していえば、未来は過去に酷似するのではないかと、懸念されてならない。

公平を期すためにいっておくと、これは文学を電子の領域へ移行させるという改革の中では避けられない事態だ。Ａｍａｚｏｎと同じように、アップル社もまた、『ユリシーズ』（と、コミック化されたオスカー・ワイルドの『真面目が肝心』に関する同様の件）に対して下した決定をくつがえした。当初の決定からほとんど間を置かずに、ウェブコミックの制作者たちに「元の原稿を再提出してくれるよう」求めたのだ。ケラハーは新しく投稿した記事の中で、アップル社スポークスマンのトルーディ・ミュラーからのメール文を引用している。「わたしたちが間違っていました。アップル社側は、『ユリシーズ』のコミック版アプリと、オスカー・ワイルドの『真面目が肝心』のグラフィック・ノベル版アプリを検討した結果、制作者たちに元の原稿を再提出してアプリを更新する機会を提供することにしました」。こうして、どちらのウェブコミックも的外れな変更を加えられる前の作品が利用できるようになった。したがって、いくつもの反論はあるだろうが――ライアン・チッタムは、〈コロンビア・ジャーナリズム・レビュー〉誌のウェブサイト版で「アップル社は暴走気味にｉＰａｄやｉＰｈｏｎｅのアプリの検閲を続けている」と述べている――これらの事件は、検閲の問題というより、愚行というか、業務上の失敗、認識のずれが生んだ結果であるように思える。ｉＰａｄやキンドルは読書のための装置には違いないが、同時に売買される商品でもある。もしも同じことが本についてもあてはまるのなら、出版業は長いあいだ幻想のもとに運営されてきたということだ。つまり、出版業はほかの事業とは違い、紳士の（あるいは淑女の）事業であって、そこで重要なのは利益ではなく思想なのだ、という考え方だ。それが真実であるか否か（真実ではない）は問題ではない。重要なのは、そういう認識が、出版界に共通する一連の理想と信念を生み出してきたことだ。だが、ことが電子書籍となってくると、これまでになかった力や考え方が作用し始める。

これはある程度、経済とも関係している。出版社は、流通の異なるさまざまな媒体と契約するが、作家はそうではない。だがそれに加えて、これは文化と関係があり、また文化の変容や成長の仕方とも関係があるのだ。ベイカーの言葉は正しい。キンドルは（さらにいえば、ｉＰａｄも）読書の最も公共的な部分を私的なものに変え、読書に伴う対話を独白へと変えてしまった。たしかに電子媒体は大量の本を保存できる。だが、もし電子書籍でしか読書をしなくなったら、客人が、本棚をみてあなたのことをもっと知るということはできなくなってしまうのだ。それだけではない。あなたのその仮想蔵書の中身までもが、まさに人為的制約を受けている。iBookstoreやキンドル・ストアで入手できるのはそのような本だ。本来なら、技術革命はそうした制約を打ち破るはずだったのだが。世の中には、新本にせよ古本にせよ、本を買う場所ならいくらでもある。ネットショップもそのひとつだ。わたしは何年も前から探していた本（たとえばヴォネガットの初期の短編集『売春宿のカナリア』*や、デニス・ジョンソンの詩集『ベール』*など）をネットショップですべて手に入れた。だがiPadやキンドルでは、ありふれた本さえみつけられない。『彷徨』も、『六十年代の過ぎた朝——ジョーン・ディディオン集』も。フォークナーにいたっては、『ニューオリンズ・スケッチ』*一冊しかみつからなかった。もちろん、在庫状況は分刻みで改善されつつある。だがどんなに楽観的に考えても、電子書籍販売店が紙媒体の販売店に追いつくまでには、かなりの年月が必要だろう。そしてベイカーは、この問題をきっかけに、自分の本棚と利用可能な電子書籍とを比べてみることにした。彼の多くの本棚には、これまでの生涯を共にしてきた手沢本《しゅたくぼん》がぎっしりつまっている。

家に帰ると、わたしはいくつかのフィクションの棚の前に立って、一時間ほどかけてそれらのタイトルが電子書籍化されているかチェックしていった。キンドルにはポール・スコットの『王冠の宝石*』はない。ジーン・スタッフォードも、ウラジーミル・ナボコフも、ジュリアン・バーンズの『フロベールの鸚鵡《おうむ》』も、カズオ・イシグロの『日の名残り』も、パトリック・ジュースキントの『香水──ある人殺しの物語』も、バーラティ・ムカージーも、マーガレット・ドラブルもない。グレアム・グリーンでみつかったのはラジオドラマ用脚本の『第三の男』のみ。デイヴィッド・レーヴィットも、ボビー・アン・メイソンの『インカントリー』も、トマス・ピンチョンも、ティム・オブライエンも、アラン・ホリングハーストの『スイミングプール・ライブラリー』も、バーバラ・ピムも、ソール・ベローも、フレデリック・エクスリーも、ジョン・アーヴィングの『ガープの世界』も、ジョーゼフ・ヘラーの『キャッチ=22』も、トルーマン・カポーティの『ティファニーで朝食を』も、フィリップ・ロスの『ポートノイの不満』も、トマス・マロンの『ヘンリーとクララ*』も、ローリー・ムーアも、スティーヴン・ミルハウザーの『エドウィン・マルハウス──あるアメリカ作家の生と死』も、アンソニー・バージェスの『時計じかけのオレンジ』もない。

　このリストはさまざまな意味でコンロイのリストと似ている。どちらも読み手の内面を示す地図だ。だが、それ以上の意味もある。電子書籍が読書を公共性のあるものから個人的なものに変えるとするなら、実在する本棚は事実上それと逆だ。わたしの家には数千冊の本があり、作家名のアルファベット順に並んでいる。本の内容や判型は考慮していない。この並べ方は、わたしという人間に関する基本的な考え方や感じ方を反映している。ひとつは、ジャンルというものへの不信感だ。わたしは、ジャンルとは著作物を仕分ける箱だと考えてきた。ところが著作というものは、なかでも優れた著作は、どんな形のジャンルにも無理矢理あてはめてはならないものだ。ふたつ目は、本どうしの思いもよらない相互関係に魅力を感じていることだ。それらはまるでシナプスのように本棚のあちこちで発火し、それぞれが連続的に別の発火を促しながら、様々な関連性や思わぬ発見がゆるやかに連鎖していく。アリストテレス、カレン・アームストロング、アントナン・アルトー、ハーバート・アズベリー、マーガレット・アトウッド、アウグスティヌス、ケン・アウレッタ、これらの作家の共通点はなんだろう？　何もない。しかし、それらはわたしの本棚に一緒に並び、わたしの興味や好みや望みや、さらには野心さえも映し出している。つまり、わたしの心の中を鮮やかに示しているのだ。なぜわたしが愛蔵するシグネット社の『フラナリー・オコナー作品集』(「賢い血」、「烈しく攻むる者はこれを奪う」、「善人はなかなかいない」の三編が収められている)は、『賢い血』への感動が失われてしまった今でさえ、変わらずわたしの共感を呼ぶのだろう。それはこの本が、物としての本が、これを読んだときの記憶を呼び覚ますからだ。そのころわたしは十九歳で、ヘイゼル・モーツのように孤独でまわりから浮いていた。その本を読んだのは、アリゾナ州フラッグスタッフのモーテルで夜明けを待っていたときのことだ。朝がくればアムトラックの列車にのってシカゴへ向かい、それからマサチューセッツへいって、ほぼ一年ぶりに家族と会うつもりだった。ここに、また別の種類の記憶穴がある。個人的な記憶を保存しておくための記憶穴だ。そんなふうにわたしたちの読む本は、読み手の非常に個人的な部分を映し出しているのだ。わたしの考えでは、同じことは、蔵書の中のまだ読んでいない本や、今読みかけている本、そしてとうとう読まずに終わる本にもあてはまる。数百冊とはいわないまでも、数十冊の蔵書。いま述べたような基準にかなう蔵書の名に値する本であれば、持ち主がかつていた場所だけでなく、いきたいと願う場所にも語りかけている。シモーヌ・ヴェイユの言葉を思い出してほしい。「人間は時間のリアリティを本気で信じなければならない」。時間のリアリティこそ、蔵書がわたしたちにくれる最もすばらしい贈物のひとつだ。蔵書はわたしたちひとりひとりの歴史ばかりか、想像力までも表象する。そしてそのうちに過去と現在と未来が三次元の形を成して、ある空間を占めるようになる。その空間はわたしたちの外部にありながら、わたしたちが何者であるかを暗示しているのだ。

二〇一〇年四月十五日付ニューヨークタイムズの「編集手帳」で、バーリン・クリンケンボルグはこう述べている。

いつものように、わたしは数冊の本を並行して読んでいる。いや、幾山かの本を、というべきだろう。ひとつは、ベッド脇のとりわけ大事なひと山だ。こちらは、出版前の魅力的な一冊、ロバート・アーウィンの『ラクダ』*に始まり、統一感のない何冊もの本をあいだにはさんで、ローズ・マコーリーの『トレビゾンドの塔』*とブロニスワフ・マリノフスキーの『マリノフスキーの日記』へと続いている。

それから、仮想空間における電子書籍のひと山もある。アルヴィン・カーナンの『クロッシング・ザ・ライン』*は、電子図書館Ｅｂｒａｒｙを使ってノートパソコンで読んでいる。ほかの電子書籍ビューアも利用する。Ｍａｃで本を読むためキンドルのアプリも使っているし、スタンザも使う。じきにｉＰａｄでも読むようになるだろう。

わたしはずっと、様々な形でコンピュータを使って何かを読んできた。それも黒い背景に並んだ蛍光グリーンの文字でつづられていたころからだ。そして、電子書籍の可能性を気に入っている。一瞬にして作品をダウンロードして読める迅速さと、増えつつある利用可能なタイトルの豊かさとがなによりいい。だがわたしは、紙の書籍の隠れた特質にも気づきつつある。それが、この先も電子書籍より紙の書籍を好み続ける理由のひとつだ。紙の書籍は、何もしないのだ。

クリンケンボルグの見解が面白いのは、電子書籍への賛否を両方含んでいるところだ（「本物の知性の試金石は、相対する意見を同時に考慮しながら、なおかつ自分に課せられた役割を果たす能力があるかどうかである」）。彼は進化するテクノロジーに進んで適応してはいるものの、その双方向性と不十分な点について案じてもいる。「紙の本はわたしが集中できるよう助けてくれる。読書以外にすべきことは何も提供せず、目の前でページを開いて横たわり、わたしが目を落とすのを静かに待っている。飛行機の便も探さないし、収支を合わせもしないし、『ラリー・サンダース・ショー』を再生もしないし、グーグル・リーダーを更新もしない。言葉の意味を教えようともしない。たまたまその本が辞書だったり、用語集が付いていたりするなら別だが」。わたしには気がかりなことがある。それは、まだだれも表立って述べてはいないが、こうしたことがらについて議論の調子が変わったと考えられていることだ。読者として、わたしたちは進化の時代にいる。電子書籍内で、読書と並行して操作できるアプリケーションの数はこれからさらに増えるだろう。実際、電子書籍文化の黎明期にあって、わたしたちはすでに、本というものに対する考え方や、本の機能に対する考え方を改めつつある。

二〇〇九年十一月、リック・ムーディは、さまざまなメディアで展開する文学ジャーナル「電子文学」（閲覧用アプリがある）と共同して、『ある同時代人たち*』と題する小説をツイッター上で世に送り出した。百五十三回分。一時間につきひとつのツイートの割合でほぼ一週間続けたのだ。物語としてはいまひとつ完成度に欠けていたとしても、あるいはツイッターというメディアを完全には活かしきれていなかったとしても、この小説は先駆的な試みとして読むことができる。ムーディは、ウォール・ストリート・ジャーナル紙でこう語っている。「わたしが作ろうとしているのはツイッターに固有のスタイルです。ツイッターを利用して物語の構造を新しい方向へ前進させるための方法なのです。厳密にいって、いまのところ、どうすればそうしたことができるのか、という手がかりはありません。ニューヨーカー誌の連載のペース配分の手がかりや、短編小説集を作る際の手がかりはありますが、今のところ、ツイッター用の連載のペース配分の手がかりや、数日にわたる物語の進行に読者の興味を引きつけておく手がかりはありません」。そして、野心的なマルチメディアプロジェクトを生み出すための手がかりもない。たとえば、実験的なソフト〝ソフィー〟を生み出したようなプロジェクト。もともとソフィーは〈本の未来研究所〉で開発され、現在は南カリフォルニア大学映画芸術学部で管理されている。二〇〇九年十二月には、この芸術学部から、「大幅に改訂・改善された」バージョンが発表された。ソフィーはオープンソース、つまり、ソースコードが公開されており、内容の改造や再頒布が許されているソフトウェアだ。このソフトを使えば、作家やアーティストは、「テキストや画像、動画や音声を組み合わせることができる。手ばやく、簡単に。そして正確に、洗練された形で」。どういうことかというと、たとえば脚注ではなくハイパーリンクつきのテキストを想像してほしい。リンクをクリックすれば、そのテキスト上で、情報のソースや二次的な情報へ飛ぶことができるようなものだ。あるいは、テキスト上に静止画ではなく動画や音源を直接はめこめる作品を想像してほしい。そうして出来上がったものは本のようにはみえるだろう。本らしくデザインされ、ページがあり、情報の流れは直線的に配列されていて、前から後ろへ読み進むようになっているのだから。しかし本と異なっているのは、技術革新の最も優れた部分をも取りこんでいるという点だ。それは情報量を多くするためではなく、物語の世界を豊かにするためだ。もちろん、こうしためざましい機能は紙の上に実現することはできず、電子媒体に限って有効なのだが。

ここでも、わたしたちは核心的な問題に直面する。ディスプレイ上で行うそれも、はたして読書と呼ぶことができるのだろうか？　また、ハイパーリンクやその他の革新技術は、どうしても言葉の流れを途切れさせ、わたしたちがその世界に没頭するのを妨げてしまう。ニコラス・カーは『ネット・バカ』の中で、パトリシア・グリーンフィールドが二〇〇九年に発表した記事を引用している。ＵＣＬＡの発達心理学者であるグリーンフィールドは、「人間の知能や学習能力へ与えるメディア別の影響についての五十以上の研究」の結果を分析した。グリーンフィールドの出した結論は以下のようなものだ。「インターネットや、その他ディスプレイを用いる様々な電子機器の利用が増え」たことで、「人間の、〈考えて物事を処理〉するのに必要な能力」は退化した。しかし、その退化した能力こそが「意識的な知識の獲得や、帰納的な分析や、批評的思考法や、創意や熟考を支える力なのだ」と。カーの解釈では、グリーンフィールドの結論が示しているのは次のようなことだ。「ネットはわれわれを賢くする。(中略) ただし、それは知性というものをネット基準で定義するかぎりにおいてのみだ。より広範かつ伝統的な観点から知性というものを捉えるなら——思考のスピードではなくその深さについて考えるなら——わたしたちは、異なる結論に、かなり悲観的な結論に行き着かざるをえない」。より広範かつ伝統的な観点から知性を捉えるなら——。ここで、カーは集中の密度について述べている。一心に集中して「一連の印刷されたページを読み進むことは、読者が作家の言葉から知識を得るために有益なだけでなく、作家の言葉が読者の心の中に知的な感動を引き起こすためにも有益だ。長時間にわたって一冊の本に熱中することで開かれる静かな場で、人々は自分自身の方法で物事を関連づけ、自分自身の方法で推理や類推をし、自分自身の考えをはぐくむ。本を深く読みながら、彼らは深く考えてもいるのだ」。カーはさらにこう続ける。

史上最も早い段階で本を黙読した人物も、すでに、本のページに没頭したとき意識内に生じる著しい変化には気づいていた。シリアのイサアクと呼ばれた中世の司教は、本を黙読する際に必ず経験する状態をこう描写している。「わたしは、まるで夢の中にいるような状態に入っていく。最初わたしの感覚と思考は集中している。

黙読が長く続くうち、入り乱れる記憶の混乱は心の中で静められ、内的な思索によ る絶え間ない喜びの波が打ち寄せてくる。波はまったく予期しない唐突さで大きく うねり、わたしの心を喜びで満たすのだ」。その昔、本を読むことは瞑想に似た行為だったが、心を無にすることではなかった。読書は心を満たすこと、満たし続けることだったのだ。当時の読者たちは、外部からの現れては消えていく刺激の流れを意識から切り離し、心の中の言葉や思想や感情の流れとまっすぐに向き合った。これが、深い読書に伴う比類なき精神的変化の神髄だった。――今も同じことがいえる。この〝奇妙な非日常的状態〟を人間の精神の歴史の中に作り出したのは、本というテクノロジーだった。本を読む人間の脳は、文字を解するだけではなく、文学も解する脳なのだ。

だが、カーのいうところの「わたしたちの脳の適応柔軟性」が、もろ刃の剣となるとしたらどうだろう? 脳機能は固定的なものではなく状況に応じて変化するという事実は、この議論に欠かせない前提である。「わたしたちの神経系は（中略）無数の分岐や、伝達物質や、巧みに橋渡しされたすきま群から成っており、まるで即興で作られたかのようだ。それは、思考というものの予測不可能性を反映しているかのようにみえる」。わたしたちには順応性がある、という言い方もできるだろう。テクノロジーと文学が共存できる領域を作ろうとしているのだから。すでにわたしたちは、さまざまな電子機器を使って、さまざまな方法で読書をしている。どんな機器を使うかは、そのときいる場所や読む目的によって違ってくる。わたしは、自分の家の本棚に並んでいる本を読むだけでなく、〈プロジェクト・グーテンベルク〉や〈グーグル・ブックス〉といったオンラインのデータベースにもしょっちゅうアクセスしている。キンドルの利用は苦手だが、ｉＰｏｄには百冊をこえる電子書籍をダウンロードしている。『シェイクスピア全集』から『ザ・フェデラリスト』まで様々な書籍がそろっている。そう、『グレート・ギャツビー』も入っている。ということは、電子機器を使って読書する機会が増えているのだろうか？　答はイエスでもあり、ノーでもある。しかしながら、この〝できる〟という感覚――ポケットに収まる小さな携帯機器で、あらゆる時代に書かれた言葉を数百万語も持ち運ぶことができるという感覚――は、まるで何かの入り口に立っているような感覚を呼び起こす。ただ、その何かが何なのかは、まだ完全にはわからないのだが。

もちろん、わたしがｉＰｏｄにダウンロードした電子書籍は、初めて出会う作品ではない。むしろ、別の形式で読んだことがあるもの、仮想世界だけでなく現実世界でも読んだ作品群だ。その意味で、電子書籍による読書は、発見のためというより、ある種、再確認のためのものとしていまだ二次的な行為にとどまっている。ベイカーによると、iＰｏｄの魅力のひとつは「たとえば午前三時にふと目覚め、重厚で悲壮な名文が心の池の中にゆっくりと落ちてきてほしいと感じた」ときなど、iＰｏｄがあれば容易にそれが叶えられることだという。ベイカーの描写する感覚はわたしにもなじみ深いものだ。「iＰｏｄを目から数センチ先へ近づけ、文字を拡大し、画面の明るさは最低に調節して、十分か十五分ほど読む。（中略）するとあなたの思考は、育ち過ぎた雑草の生える、日頃は使われていない分岐線路へと逸れ始める。カーブし始めた連なる言葉たちは沈鬱《ちんうつ》な警笛を鳴らしながら、先へと進むのだ」。これは、毛布の下にもぐりこんで、懐中電灯でページを照らしながら本を読むのと似ている。わたしの子ども時代のもっともありふれた記憶の一場面だが、まるでひとつの神経経路のようにわたしの脳に深く刻みこまれている経験だ。おおむねこれに似たことは、iＰａｄやソフィーのようなソフトウェアの場合でも生じる。どちらも、実際的に本を読んでいるような感覚を、電子の世界で呼び起こすのだ。次のようにいっても過言ではないように思える。つまり、以上のようなことは、本を読むという行為が今の電子書籍に影響をおよぼす実例のひとつであって、それはわたしたちと書き言葉との関係がそのまま電子機器のディスプレイに映し出されている、と。

これはふたつの意味に取ることができる。つまり、わたしたちの脳は柔軟だが、わたしたちの創り出すものもまた柔軟だし、柔軟でなくてはならないということだ。ムーディや「電子文学」に限ったことではなく、あらゆる著作物が、拡張をつづける電子世界を前に変化しつつある（と同時に、変化しなければならない）のだ。一九九九年初め、すでに、シルヴィア・ブラウンリッグの小説『メタフィジカル・タッチ』*は、ニュースグループやEメールなどの要素を物語に取りこんでいた。それは、テクノロジーと親密さとの関連性を問うひとつの戦略だった。ブラウンリッグは同作品の中で、電子コミュニケーションについてこう述べている。「電子コミュニケーションは静かだ。声でやりとりする電話と違って即座に返事をする必要がない。（中略）その上、紙の上にインクで物理的に印字する必要もない。存在論的にいって、明確な分類ができない。声も紙もない。つまり、純粋に精神的なものでもなければ、純粋に物質的なものでもない、ということだ」。その十一年後に出版された、ジェニファー・イーガンの小説『ならず者たちの訪問』*には、パワーポイントで書かれた章がひとつ入っている。この章は十二歳の少女が、家族を呑みこんだ大きな感情の流れの中を懸命に泳ぎきっていく様を、少女自身の視点から描いている。

この部分を紙媒体で読むということは、作品にある種のフィルターをかけるのと同じだ。黒と灰色のみの状態となり、電子的要素を欠いたそれは、少々抽象的な印象を与えるが、それでも興味深い。単なるアイデアの提示というよりは、完成されたひとつの表現である。いっぽう同じ作品をオンラインでみるのは――イーガンは自分のホームページにオンライン版をのせている――、物語を新たな視点でとらえなおすことになる。この章は七十六のコマから成っており、サウンドトラックとして断片的なロックが流れるなか、読者たちは、ストーリーに沿って、その読み方を文字通り教えられていく。初めの方の一枚のコマには、この話の語り手の家族が四つの円で示されている。語り手の少女自身を表す円、少女の兄を表す円、それに父と母を表すふたつの円だ。これら四つの円がそれぞれ重なり合って中心に大きな輪が形作られ、そこに〝わたしたち〟というラベルが貼られている。少し後のほうでは、〝わたしたちが甲板に立っているあいだの短い沈黙〟という見出しの下に、空白の吹き出しがみられる。どちらのコマにも、静寂やへだたりを思い起こさせる効果がある。愛する人たちと一緒にいるときでさえ（一緒にいるからこそ）わたしたちを包みこむ、あの感覚だ。このときわたしは、イーガンの小説を、テキスト版とオンライン版を切り替えられる機器で読んでみたい、と思った。あるいは、マルチメディア要素が直接埋め込まれているような「本」で。おそらく、次に出てくるｉＰａｄにはそれを可能にする機能が備わっているだろう。そのためには、『ならず者たちの訪問』が、ｉＢｏｏｋｓｔｏｒｅで購入できるようになっていなければならないのだが、今のところはまだそうなってはいない。キンドル・ストアでは『ならず者たちの訪問』は購入できる。だが、キンドルで表示されるこの作品は生彩を欠いている。そこにはマルチメディア機能はなく、印刷されたページがもたらす効果もない。

いっぽう、『ならず者たちの訪問』の新たな試みは、そこに言葉が存在しているとはいえ、文学とはあまり関係がないように思えるかもしれない。こんなものはきわもの、仕掛け物、注意散漫になりがちな環境下で注意を引きつけるための方便だという人もいるかもしれない。しかし、仕掛けでもなく、幻をみせるものでもない文学とはいったいなんだろう？　文学とは、わたしたちが好きな原材料（インクや紙やバイナリコードや視点）を使って、仕掛けやアイデア商品やすばらしい影絵芝居を創り出すものではないだろうか？　驚くべきことは、そうして創り出されたものがなんであれ、わたしたちはそれらを信じることができるという点だ。文学という道具はたしかに不完全ではあるものの、最も基本的なレベルで実際には存在しないものを信じさせる力がある。パワーポイントについていえば、それは、わたしたちが生きている現代世界にいきなり出現した選択肢のひとつにすぎない。二〇一〇年五月、出版業界が年に一度開催する書籍市兼展示会、ブックエキスポ・アメリカにおいて公開討論会が行われ、そこでイーガンは、新しい手法を試した動機について説明した。

これまでパワーポイントを使ったことはなく、ソフト自体持っていませんでした。たいてい、小説は手で書くことにしているのです。そんなわけで、わたしは何カ月も試行錯誤を繰り返し、パワーポイントで書かれた文書――おもに企業の損益やリストラに関するものですが――を読み、やがて気づきました。自分は箇条書きでストーリーをつづるつもりもないし、グラフィック・ノベルのように話の筋を絵で表現するつもりもないのだ、と。わたしがやりたかったのは、小説の各瞬間の内部構造を見出し、視覚化することでした。（中略）モダニズムのテーマのひとつに、意識の同時多面性を描き出す、というものがあります。モダニズムの考え方によれば、知覚活動は多極的に起こり、ひとつの瞬間は何通りもの読み方ができるのです。パワーポイントのスライドは、経験のこうした多面性の表現を、文字通り可能にしてくれます。わたしはスクリーン上に情報を浮遊させることができました。しばしば、明確な順序を示さずにそうしました。そうすることで多面的な読み方ができるようにしたのです。

イーガンがＨＰにのせたパワーポイントのプレゼン方式の一章が示しているように、電子書籍による真の読書体験は、電子機器本来の諸機能が活かされているものを読むことで得られるかもしれない。（少なくとも、わたしはそう思う）。彼女がモダニズムに言及したことは印象的だ。それは、ひとつには、ジョイスやエズラ・パウンドのような作家が現代に活躍していれば、このような技術に触れれば夢中になっただろう（ハイパーテキストで書かれた『ユリシーズ』や、長編詩『キャントーズ』[*]を想像してみたい）、ということがある。そしてもうひとつには、モダニズムはどれだけ強く望んでも先行する文学を根絶やしにはできなかった、ということもある。ヘンリー・ミラーは『北回帰線』の中でこう書いている。「ぼくたちは文学における新しい宇宙観を展開したのだ。だから、この作品は――『最後の書』は――新たな聖書となるはずだった。意見を持つ者はことごとくこの中で発言するだろう。匿名で。ぼくたちの後にはどんな本も生まれない。少なくとも、ひとつの世代が終わるまでは」。ジョイスも似た野心――ミラーが鋭い言葉で言い表す「本とは何かという感覚」、つまり、あらゆる文学的因習を葬りつつあるという感覚――を持っていたかもしれないが、結局のところ、歴史は、彼が目覚めて忘れられる悪夢ではなかった。それどころかモダニズムは、絶え間なく続く対話のもっとも新しい層を形成したに過ぎない。その対話は、およそ一万年も前、古代メソポタミアで始まったのだ。

一世紀もたたないうちに、このモダニズムもまた、文学が進化し続けるに伴って次の新しい層に取って替わられた。同じことが電子書籍にもいえる。電子書籍によって紙媒体や紙媒体を読む行為が消えてしまうことはない。それは、モダニズムが物語の伝統を断ち切ってしまわなかったのと同じだ。だが電子書籍は、わたしたちに結論の出ない多くの疑問を突きつけている。読者と作家のきずなとは何なのか、読書とは何なのか、読書はこれからどのようなものになっていくのか、といったことについて。わたしが『動揺』や『最後の選挙戦』をユーチューブの動画と組み合わせて読んでみたのは、それほど前のことではない。だが、あのとき本の境界線から外れることに対してわたしが感じた戸惑いは、その後あらゆる意味で、電子書籍の文化内ではすでに解決されている。あれはもう過去のことだ。わたしたちは、本が書き終えられたあとで、テクノロジーによってその情報密度を高める、という段階から出発し、今ではムーディやイーガンのように、テキストの構成そのものにテクノロジーを取り入れるという段階にまで進んできている。別の言い方をするなら、今やテクノロジーを活用するか否かという段階ではなく、活用することを前提として、どうやってアーティスティックなものを作るか、どんな効果をねらうか、という段階にさしかかっているのだ。だが、このことが作品というものへの新たなアプローチの出現を意味しているのだとすれば、重要なのは、わたしたち読者にはアプローチの方法を選び、決める権利があるということだ。

そして、電子書籍市場が拡大し、ますます多くの作家たちがテクノロジーをひとつの手法として真剣に考えるようになるにつれ、わたしは折に触れてちょっとした空想を楽しむようになっている。いってみれば、願望半分の仮定、脳と書物を結ぶ通路についてのもうひとつの考え方だ。もしも電子書籍が、人と本が再びつながるよう促す力を持つものだとしたらどうだろう？　つまり、わたしたちがテクノロジーに魅せられて長い文章を読みたいと感じ、電子機器の魅力のおかげで読書に深く集中できたとしたら？　もしも電子書籍が、物事の断片化だとか、注意力の分散だとか、流されやすさだとかいった、わたしたちの電子機器生活のマイナス要素の深部へ切りこむ手段だとしたら、どうだろう？　わたしは電子書籍をあまり利用しない（最近、数カ月ぶりでキンドルを充電した）し、電子書籍にはオーウェルや『ユリシーズ』をめぐる問題や、電子書籍リーダーで読める作品の少なさといった多くの問題があり、電子書籍リーダーが読者と本との対話の質を変化させていることも承知だ。それでもわたしは、電子機器からきこえるかすかなモーター音をきくにつけ、ディスプレイで読書をする人々をみるにつけ、そこはかとなく希望を抱いてしまう。変化の過程は身構えるほどのものではない。たとえば、ベイカーが眠れぬ夜にiPodに頼ったようなことがその一例だ。わたしたちが読むのは、一連のツイートから成る作品であるかもしれないし、パワーポイントのスライドが埋めこまれた作品かもしれない。電子化された昔の作品の場合もあるだろう。iPad版『不思議の国のアリス』のように、挿絵がついていたり、それに合わせてベルや笛の音が入っていたりするかもしれない。ちなみにこの作品には、クリンケンボルグが指摘するように、「キノコが（中略）ページ上の余白から転がり出て」きたりもする。これらすべてに共通しているのは、どんな形であれ、すべてはテキストがあってこそ成り立っているということだ。そして、読書の質が上がるかどうかは別として、本を読むという行為はさまざまな形態のもとに存在し得るということだ。

エピローグ

# それでも、わたしは本を読む

ようやく、五月のある木曜日に、わたしは『グレート・ギャツビー』を読み終えた。わたしはひとりで、カリフォルニア大学アーバイン校で一時期使わせてもらっていた研究室にいた。少し前からそのキャンパスで、週に一度、文芸ジャーナリズムのゼミを持っていたのだ。ゼミではほぼ毎回のように、取り上げた題材をどんなところでどんなふうに扱えばいいのか、という問題が、学生たちの意識下にわだかまっていた。なぜなら、長文形式の文芸ジャーナリズムは、すでにおおかた姿を消してしまっていたからだ。わたしたちはいくつもの手本を考察した。ディディオンのエッセイ集『ベツレヘムに向け、身を屈めて』や、『六十年代の過ぎた朝――ジョーン・ディディオン集』、ノーマン・メイラーの『マイアミとシカゴの包囲』、デヴィッド・フォスター・ウォレスのエッセイ集『楽しいと思われていることでぼくが二度とやらないこと』。どれも元々は、〈ハーパーズマガジン〉や〈サタデー・イヴニング・ポスト〉のような一般誌にのったものだ。これらはすべて、長く、内容が濃く、読みごたえのある本の常として、取り組むには体力を要し、一度読み始めれば深みへ向かって急降下せざるを得ない。現代においてこれらに似た作品はなんだろう？　こうした作品が生まれる可能性は今もあるのだろうか？　別種の選択肢をいくつか示すために、わたしは学生たちに、ジョー・サッコの『ガザについてのいくつかの補注*』を読ませた。四百ページもの長さのジャーナリズムコミックで、一九五六年にガザ地区で起こったふたつの事件を描いている。ジェイソン・モトラーの『六十時間のテロ*』も読ませた。二万語のブログ記事で、二〇〇八年にインドのムンバイで起こったテロを一時間ごとに報告したものだ。この記事は、四日間にわけて、文芸雑誌「ヴァージニア・クォータリー・レビュー」のHP上に発表された。さらに『コモン・センス』も課題として読ませ、ペインの大衆性について説明した。それは、言葉に関してだけでなく、パンフレットという当時の先端テクノロジーを使った点にも表れているのだ。わたしたちは電子書籍とウェブ読書について議論し、状況が変わりうる、もしくは変わりえない場合について将来を予測した。わたしは、モトラーを例にあげながら学生たちにこうたずねた。もしも、パソコンや電子書籍リーダーを新種のパンフレットと定義できるとしたらどうだろう？　携帯でき、利用しやすく、長短どちらの作品にも使えて、印刷経費を心配する必要もないメディアとして。

これからの電子書籍についてあれこれ想像はするものの、もちろん、自分の本音にあまり自信があるわけではない。ゼミでは、もっぱら可能性を示そうと努めた。だが、電子文学の理想郷においては、これまで書かれたすべての本が（おそらく、書かれたことのないすべての本も）すべて同じように制約なく利用できるのだと考えてみたところで、期待に腹がごろごろいったり括約筋が締まったりすることはない。そう、スプリング・ストリート書店へ立ち寄るたび、きまってそうなったように。もしそんな理想郷が現実のものになれば、それは、ボルヘスが考えたとてつもなく大きな図書館に自由に出入りするようなものだろう。だが、そうしたとてつもない物事には果てしない反復がつきものだ。それは危険でさえある。ボルヘス本人もそのことに気づいていた。ボルヘスは、一九四一年に発表した短編「バベルの図書館」の中で、果てしない図書館を成す宇宙を描いた。その宇宙とは、「無数の、恐らくは無限に重なる六角形の閲覧室でできている」。そのような場所は自己完結的で超然としており、それをみたわたしたちは、ただ己の無力さを思い知らされるばかりだ。それは閉鎖システムだ。とくにわたしたちを必要としてもいない。ボルヘスはこう記している。「人間という不完全な司書は、偶然の産物か、あるいは邪悪な世界の創造者《デーミウルゴス》の被造物に過ぎないのだろう。この宇宙には美しいものがたくさんある。棚や、謎めいた本や、旅人のための果てしない階段や、住みこんでいる司書たちのためのトイレなど。しかしこの宇宙さえ、神の作品に過ぎないのかもしれない」。さらにいうなら、この完全なる場所は、わたしたちを可能性の終末点へ置き去りにする。そこには、解答も、始まりも、何かしらの手がかりもない。ボルヘスはこう書いている

『このとほうもなく広大な図書館に同じ書物はひとつとしてない』。(中略)〝図書館〟は完璧であり、棚には二十数種類のつづり記号群(その数は膨大だが無限ではない)の可能な組み合わせがすべて収められている。(中略)すべて、とはつまり、未来の詳細な歴史、熾天使たちの自伝、〝図書館〟の正確な目録、何千何万もの誤った目録、それら目録の虚偽性の実証、真実の目録の虚偽性の実証、グノーシス派の哲学者バシレイデースの福音書、その福音書の注解、その注解の注解、あなたの死について書かれた真実の物語、すべての書物のあらゆる言語への翻訳、すべての書物のあらゆる書物への挿入、である。

クリストファー・ローラソンは、一九九九年にニュースグループのひとつ〈rec.arts.books〉に投稿したエッセイの中で、「バベルの図書館」を現代の観点からこん

なふうに見直している。「たしかにこの『バベルの図書館』は、絶え間ないネット情報で意識が飽和した現代、あるいは未来の仮想情報社会の住人をすでに予見していたものととらえることもできる」。事実、インターネットという図書館は、実在の、あるいは今後実在する可能性のあるすべての本を有しているだけでなく、「あらゆる言語の文字によるあらゆる可能な組み合わせ」（「二十数種類のつづり記号群の可能な組み合わせがすべて」）をも有している。そのことを理由に、ローラソンは以下のように述べている。「ほとんどの本はまったく役に立たない。統計的にいって、数カ月かけて書架を探したあげく、一冊でも〝本物〟が、つまり実際に読めそうな本がみつかるなら、それは得難い快挙といえる。しかも、そんなときでさえ、その本の内容が、探した本人にとって役に立ったり興味を引くものであったりする確率は限りなく低い」

「バベルの図書館」が想起させるのは、極端な飽和のイメージだ。そこでは可能性が重荷になってしまっている。ボルヘスの場合、この図書館はひとつの比喩だった。だがローラソンのエッセイが示しているように、少なくともある程度まで、わたしたちはボルヘスの世界に住んでいるのだ。わたしたちは静寂を求めている。孤立するためにではなくひと休みするために。喧騒の中でひとかけらのやすらぎを見出すために。

木曜の午後、アーバイン校でわたしが気づいたのは、そんな静寂だった。わたしは、五時に授業を終えるとコーヒーを買って階上の研究室へもどり、ラッシュアワーをやり過ごしてから、ロサンゼルスまで運転して帰るのが習慣だった。この時間帯がわたしのオフィスアワーになってはいたが、学生がやってくることはまずなかった。わたしは、いかにも量産品といった家具（デスクが二台、イスが二脚、金属製のファイルキャビネットが一台）が並ぶ研究室の中に腰を下ろすと、本を読み始めるのだった。時には学生のレポートを読んで、翌週の仕事の前倒しをはかることもある。ごくたまにだが、批評を書く予定の本を読むこともある。『グレート・ギャツビー』も何度か持ちこんでいたが、実際に読み始めたのは、学期も終わりに近づいたころの、ある静かな午後のことだった。表では、学生たちが声をかけあいながら、キャンパスの中心を通る道を行き交っていた。並木の上を照らす日の光はしだいに弱くなり、拡散し、空のあちこちで様々な色調を呈していた。ローレンス・ウェシュラーが、一九九八年に〈ニューヨーカー〉誌にのせたエッセイ、「輝けるロサンゼルス」の中で、こんなふうに描写している情景だ。「ロサンゼルスの夕方の陽の光――それは金色がかったピンクの光で、入り江を離れ、スモッグを抜けて、最後にはヤシの葉の上に落ちる」

わたしは、あっというまに、一度も中断せずに『グレート・ギャツビー』を読み終えた。まるで十代にもどったかのようだった。まず、記憶を呼び起こしてふたたび本の中に入りこむために、最初の方へもどってみた。いくつかの場面をぱらぱらめくってみて（トムとマートルが、アパー・マンハッタンのアパートで酒を飲む場面、デイジーとギャツビーがニックの小さな家で出会う場面）、それから続きを読み始めた。フィツジェラルドは、第七章をこんなふうに始めている。「ギャツビーに対する好奇心が最高潮に達したころのことだ。彼の屋敷に明かりがともらないことがあった。土曜日の夜だというのに——そして、ギャツビーのいかにも成り上がり者《トリマルキオ》風の社交の日々は、始まりと同じように、不可解な終わりを告げた」。完璧といっていい書き出しだ。なめらかで、手触りがよく、前兆と予感に満ちている。この出だしがわたしをテキストの中へ連れ戻した。初めにギャツビーの再読に取りかかったときには課題（ノアを助け、岸へ向かって導くこと）のためだったが、このときは、純粋に読むために読んでいた。文章の戯れや、物語のよどみない流れを味わうために。わたしは、自分がフィツジェラルドの言葉の中に入りこみ、その軽快な歌と音楽に身をゆだねているのを感じていた。

　これもまた、読書が約束してくれるものだ。わたしたちを隔て、絶えず引き離そうとする境界線を曖昧なものにしてくれる。このときもわたしは、気がつくと内的な交感状態にあった。フィツジェラルドがわたしに宿り、わたしがフィツジェラルドに命を吹きこむ。わたしは、何ごとも永続するとは思っていない。最後にはあらゆるものがわたしたちから離れていく。混沌、そして無秩序。そこでわたしたちが望み得る最良のものは、ときたま訪れる先験的な瞬間である。そのときわたしたちは、自分を取りかこむ孤独の谷間に橋をかけ、ほかの人間と寄り添うのだ。読書とは、わたしにとって常にそのようなものだった。さらにいえば、今でもそのようなものだ。わたしはアーバイン校のがらんとした研究室に座り、プラザホテルでのギャツビーとトムの対立を、マートルの死を、ギャツビーの悲劇的な最期を目撃しながら、かつて感じた熱中と静寂と満足を感じていた。フィツジェラルドは、小説の終わりのほうでこう書いている。「トムとデイジーはふたりとも無頓着な人間だった。物であれ人であれ、めちゃくちゃにした後で、金か徹底した無頓着ぶりか、とにかくふたりを結びつけているものの中へ戻っていき、あとの片付けはほかの人間にやらせるのだ」。もちろん、フィツジェラルドのいう通りだ。それでも、トムとデイジーの無頓着さの描写にひそむリアルな触感の中には、ある種の共感がうかがえる。それは、このふたりに対する共感というよりも、むしろ、ふたりの周囲にいる人間、あるいは、奇妙ではあるが、わたしたちすべてに対する共感であるかもしれない。いずれにせよ、人を結びつける作品の力に触れるにつけ、わたしはコンロイのこと(「現実の世界は消え、わたしは空想の世界を自由に漂いながら、異なる千もの人生を生きた。どの人生も、自分自身の人生より力強く、身近で、本物らしかった」）や、本を読むという技能についての彼の巧みな表現を思い出す。

コンロイが次のように過去を語るとき、読書は反射的な行動にすぎなかった。「わたしは一冊の本をあっというまに読み終えた。批判することもなく、内容は読んだはしから忘れた」。わたしの場合、その体験の価値はより高められている。もはやそれが当たり前の体験だとは思えなくなったからだろう。アーバイン校の研究室に座り、『グレート・ギャツビー』の終わり近くを読み進めながら、わたしは気づき始めていた。自分は何かを与えられたのだ、と。それは人生の小休止であり、純粋さを感じられるひとつの読書法なのだ、と。これは自明の、いうも愚かなことのように思える。それでも、何度でも繰り返す価値のあることだ。とりわけ、時間というものが割りあてられ、使い道に責任を持たされるようなこの時代においては。それはテクノロジーのもたらした重荷だ。わたしたちが世の中と隔絶することは決してないし、接触せずにいることも決してない。にもかかわらず、読書とはその性質上、ここではない場所へ移動するための、今という状態から離れ、異なる人生の網目の中へ入りこんでいくための戦略的行為なのだ。

最近、わたしはこれを静かな革命の試金石ととらえている。静かな革命とは、トマス・ペインの思想と同じくらい反逆的な思想だ。結局のところ、何かと注意が散漫になりがちなこの世界において、読書はひとつの抵抗の行為なのだ。そして、わたしたちが物事に向き合わないことを何より望んでいるこの社会において、読書とは没頭することなのだ。読書はもっとも深いレベルでわたしたちを結びつける。それは早く終わらせるものではなく、時間をかけるものだ。それこそが読書の美しさであり、難しさでもある。なぜなら一瞬のうちに情報が手に入るこの文化の中で、読書をするには自分のペースで進むことが求められるからだ。時間をかけて本を読むというこの考えは、いったい何を意味しているのだろう？　もっとも根本的には、それによってわたしたちはふたたび時間と向き合う、ということだ。読書の最中には、わたしたちは辛抱強くならざるを得ない。ひとつひとつのことを読むたびに受け入れ、物語に身をゆだねるのだ。さらにわたしたちは気づかされる。この瞬間を、この場面を、この行を、ていねいに味わうことが重要なのだ、と。世界からほんの少し離れ、その騒音や混乱から一歩退いてみることによって、わたしたちは世界そのものを取りもどし、他者の精神に映る自分の姿を発見する。そのときわたしたちは、より広い対話に加わっている。その対話によって自分自身を超越し、より大きな自分を得るのだ。老子の『道徳経』にこんな一節が出てくる。「暴風が起こっても朝の間中続くことはない。激しい雨が降っても一日中続くことはない。これらは天と地の活動であるが、天と地でさえ、いつまでもその活動を続けることはできない。まして人間にとっての困難など何ほどのことがあろうか」。老子が生きて死んだ時代から二千五百年がたった今も、わたしはこれらの言葉を読み、結びつきを感じる。老子と、老子の言葉の両方に。こんなふうに、読書はひとつの瞑想的行為となる。そこには瞑想に伴う困難と恩寵のすべてが含まれている。わたしは腰を下ろす。静けさを呼び入れようとする。以前よりもそれは難しくなっている。だが、それでもなお、わたしは本を読むのだ。

# 日本語版によせて

『それでも、読書をやめない理由』は、思いもよらない状況から生まれた。本の虫以外のなにものでもなかったわたしが、突然本に集中することが難しくなったのだ。原因のひとつはテクノロジーにあった。より正確にいうなら、テクノロジーがもたらすノイズだ。具体的にいえば、携帯電話、Eメール、ブログ、ツイッターなどの絶え間ないざわめき。現代的で、何重にもつながった過剰ネットワーク生活にひしめく、あらゆる注意散漫の元。だが、さらにいうなら、原因はわたし自身の性格にもある。わたしは、世間のもくろみ通り、すぐに気が散り、影響を受け、静寂ではなく混沌に目を向け、少しばかりのめりこみすぎるきらいがあるからだ。

本書を書いた目的は、この問題を特定し、言葉にすることによって、注意散漫の悪循環からなんとか抜け出すことだった。「言葉による把握」を明らかにすること、それはわたしにとって、文学そのものの魅力でもある。ジョーン・ディディオンの言葉を借りるなら、そうしてこそ「自分で考える」ことができるようになる。実際、この本を書き上げて一年半が経ったいま、症状はずいぶんうすれてきている。おそらく、注意散漫とうまく折り合えるようになったのだろう。わたしは今でも時間があるとネットサーフィンをする。ブログやニュースサイトをのぞき、フェイスブックに投稿し、がらくたの山の中に掘り出し物はないか探してみる。だが、以前よりずっと意識的にやっている。発散と散漫、時間をむだにしたなという感覚とうまく使ったなという感覚とのバランスが取れるようになった。つまり、気晴らしをするときには気晴らしに集中し、読書や仕事をするときにはそれらに集中するということだ。

同じことが文化――少なくとも、わたしが時間を費やす文化のいくつかの分野――についてもいえるような気がする。『それでも、読書をやめない理由』を書き上げてから、本書で取り上げたことの多くが問題の中心になってきた。ゆとりの必要性、自分の居場所を切り開く必要性。そして、絶え間ない交流やおしゃべりの魅力は幻想でしかないと自覚する必要性。同時に、わたしたちと電子機器との結びつきは、より強固なものになってきた。だがわたしのみるところ、そのありようは、以前より意識的なものに変わってもいる。本書を執筆中の二〇一〇年春、iPadは世に出たばかりだった。そして、続く二十カ月で四千万台以上が売れた。わたしたちは今や、当たり前のようにスクリーン上で読書し、スクリーン向けに本を出版している（スクリーン向けに書いてさえいる）。本は死んだのではなく、新しい命を得たのだ。電子書籍は、本をより身近なものにし、言葉とふれあうことをいつでも可能にするツールだ。スクリーンで読書するときも――まだいくらか不慣れではあるが、わたしは今では日常的に電子書籍を利用している――、紙の本を読む場合と同じ静寂、同じ平静と没頭が必要だ。道具は違っても、本を読むという行為は同じなのだ。

それなら、世界はそれほど変わってはいないのだろう。あるいは、わたしたちは、すべては自分たち次第なのだということを再び発見しつつあるのだろう。わたしたちは、テクノロジーの変革がもたらす衝撃について好んで語りたがる。だが、今述べた不変の部分においては、依然として、わたしたちがテクノロジーに何をもたらすのか、そしてどんなふうにそれを使いこなし、関わり合うのかといったこちら側の主体性こそが重要だ。わたしはiPadに多くの時間を費やす。ゲームをし、Eメールをチェックし、フェイスブックを更新し、ツイッターに流れるブログ記事をチェックする。だが、iPadで本も読む。本物の書物だ。現代作家の作品もあれば、電子時代が訪れるはるか前に死んだ作家の作品もある。ごく最近では、ハーマン・メルヴィルの『バートルビー』を読んでいた。それを読み終えたら、ジョゼフ・コンラッドとソースタイン・ヴェブレンが待っている。つまり、わたしにはこういうほかはない。わたしにとっても、皆にとっても、本を読むということはどこへもいきはしないのだ、と。

二〇一二年一月、カリフォルニア州ロサンゼルスにて

デヴィッド・L・ユーリン

# 訳者あとがき

本とインターネット。ひと昔前なら、このふたつは切り離されて語られるものだった。だが今、両者の境界は〝電子書籍〟によって、曖昧になりつつある。〝ひと昔前〟と書いたのは理由がある。日本のいわゆる電子書籍元年は二〇一〇年だが、この始まったばかりの電子書籍史には〝紀元前〟があるからだ。

一九九二年の時点で、すでに株式会社ボイジャーが電子書籍の出版および販売を始め、その三年後にはフジオンラインシステム（現パピレス）が電子書籍の販売を始めた。デバイスのほうも、二〇〇四年から「シグマブック」をはじめ数種類が発売された。だが、いずれも二〇〇八年には生産が終了している。

ところが二〇一〇年になって、日本の電子書籍時代の幕は新たに切って落とされた。そのきっかけになったのは米国の電子書籍ブームなのか、それとも国内のケータイ小説ブームなのか、それとも……。なんにせよ、改めて電子書籍が積極的に受け入れられ始めた要因には、さまざまなものがある。ブロードバンドや無線LANの普及、デバイスそのものの人気、そして読者側にとってデジタルコンテンツが身近に感じられるようになったこと。

だが、いくら洗練された使い勝手のいいデバイスがあったとしても、ソフトへの需要がなければ、そもそも電子書籍元年は訪れなかった。ということは、わたしたちが求めるのは、紙の本でもなければ電子書籍でもない。本書でも繰り返されているように、わたしたちが求めるのは物語なのだ。

著者自身、物語を求め続けてきた人間だった。彼の読書人生はこんなふうにまとめることができる。幼い頃から本に親しみ、思春期にはいろいろな本を手あたりしだいに読み、学生時代にはバックパックひとつでヨーロッパ中の書店をめぐり、新婚旅行では崇拝する作家たちが描いた場所を訪れた。現在は大学院で創作を教えるかたわら、さまざまな媒体《メディア》に書評を書いている。昔も今も、書店へ入ると、文豪たちとの対面に衝撃を受け、腹がごろごろいい出す――。

ところが、この筋金入りの読書家は、本書のプロローグをこんな気弱な文章でしめくくる。

文学は死んだ、とノアはいった。だから、本なんてもう読まないんだ、と。隠していたものが露わにされる衝撃を感じながら、わたしは気づいた。つまり、わたしも、ノアが間違っているとは思えなかったのだ。

著者の悩みは、読書に集中できないということだ。まずい、と彼は思う。もちろん、まずい。なぜなら彼は文筆家であり書評家だ。読書が仕事のようなものだ。危機感を覚えた著者は、息子の宿題を手伝うという名目に力を借りるようにして、『グレート・ギャツビー』を読み始める。ところが、なぜか集中できない。なぜだろう？　本を読むために必要な静寂は、何によって奪われてしまったのだろうか。その答はすぐに出る。インターネットが差し出してくるさまざまな誘惑のせいだ。そこから著者は、アメリカという国、自身の青年時代のこと、十五歳の息子の価値観、脳科学などさまざまな見地から読書について考え始め、その過程で、ネット上で交わされる活発な文学議論や、電子書籍の特性をいかした本にも出会っていく。著者はどのように悩み、どのような結末にたどりつくのか。読書に未来はあるのか。ぜひ、最後まで見届けてほしい。

また、本書にはたくさんの人々が登場する。現在活躍中の批評家や作家や大統領から、近代以前の作家や学者まで。まるで、著者の司会のもとで、時空も職業の壁も超えた人々が自由に意見を交わし合っているようにも思える。これもまた、この本の魅力のひとつだ。巻末にまとめたブックリストと合わせて、ブックガイドとしても役立てていただきたい。

もしあなたが、本書の著者と同じように、ツイッターや日に幾度も更新されるブログやSNSの日記やニュースに長い時間を費やすようになり、最近では本を読む時間がなかなか取れないと感じているなら、訳者は願望まじりにこんな想像をしてしまう。この本を読み終えたあなたは、数カ月前からなぜか読み終えることができなかった本を一冊手に取り、椅子にひとり腰かけて、しおりを挟んだページを開いてみたくなる、と。そして冒頭の著者の言葉を借りるなら、そのとき開かれる本が紙の本であろうと、電子書籍であろうと「本を読むという行為は同じ」なのだろう。

最後になりましたが、この本を運んできて翻訳を任せてくださった編集の八木志朗さん、原文のつきあわせをしながらさまざまにご教示くださった野沢佳織さん、そして翻訳についてのあらゆることを教えてくださった金原瑞人先生に、この場を借りて心からお礼を申し上げます。

井上里

二〇一二年一月

マルハウス―あるアメリカ作家の生と死』岸本佐知子訳、白水社、2003）
Anthony Burgess, *A Clockwork Orange*, 1962.（アントニイ・バージェス『時計じかけのオレンジ』乾信一郎訳、ハヤカワ epi 文庫、2008）
Flannery O'Connor, *Three ("Wise Blood", "The Violent Bear It Away", "A Good Man Is Hard To Find")*, 1964.（フラナリー・オコナー『烈しく攻むる者はこれを奪う』佐伯彰一訳、新潮社、1971／フラナリー・オコナー『フラナリー・オコナー全短編（上）』〔「善人はなかなかいない」〕横山貞子訳、ちくま文庫、2009）
*Robert Irwin, *Camel*, 2010.
*Rose Macaulay, *The Towers of Trebizond*, 1956.
Bronislaw Malinowski, *A Diary in the Strict Sense of the Term*, 1967.（B. マリノフスキー『マリノフスキー日記』谷口佳子訳、平凡社、1987）
*Alvin Kernan, *Crossing the Line: A Bluejacket's Odyssey in World War II*, 2007.
*Rick Moody, *Some Contemporary Characters,* 2009.
Alexander Hamilton, John Jay and James Madison, *The Federalist Papers,* 1788.（A. ハミルトン、J. ジェイ、J. マディソン『ザ・フェデラリスト』斎藤眞・中野勝郎訳、岩波文庫、1999）
*Sylvia Brownrigg, *The Metaphysical Touch*, 1998.
*Jennifer Egan, *A Visit from the Goon Squad*, 2010.
*Ezra Pound, *The Cantos of Ezra Pound*, 1996.

## 《エピローグ　それでも、わたしは本を読む》

Norman Mailer, *Miami and the Siege of Chicago : an informal history of the Republican and Democratic conventions of 1968*, 1968.（ノーマン・メイラー『マイアミとシカゴの包囲』山西英一訳、早川書房、1977）
*Joe Sacco, *Footnotes in Gaza*, 2009.
*Jason Motlagh, *Sixty Hours of Terror,* 2009 (The Virginia Quarterly Review Online)
Jorge Luis Borges, *Ficciones ("La Biblioteca de Babel"),* 1944.（J.L. ボルヘス『伝奇集』〔「バベルの図書館」〕鼓直訳、岩波文庫、1993）

Allen Ginsberg, *Howl, and Other Poems*, 1956.（アレン・ギンズバーグ『ギンズバーグ詩集』諏訪優訳、思潮社、1978）
D. H. Lawrence, *Lady Chatterley's Lover*, 1928.（D・H・ロレンス『チャタレイ夫人の恋人』伊藤整訳、新潮文庫、1996）
Henry Miller, *Tropic of Cancer*, 1934.（ヘンリー・ミラー『北回帰線』大久保康雄訳、新潮文庫、2005）
*Kurt Vonnegut, *Canary in a cat house*, 1961.
*Denis Johnson , *The Veil*, 1987.
Joan Didion, *The White Album*, 1979.（ジョーン・ディディオン『60 年代の過ぎた朝アメリカ・コラムニスト全集（19）─ジョーン・ディディオン集』越智道雄訳、東京書籍、1996）
*William Faulkner, *New Orleans Sketches*, 1955.
*Paul Scott, *The Jewel in the Crown*, 1966.
Julian Barnes, *Flaubert's Parrot*, 1984.（ジュリアン・バーンズ『フロベールの鸚鵡』斎藤昌三訳、白水 U ブックス、1993）
Kazuo Ishiguro, *The Remains of the Day*, 1989.（カズオ・イシグロ『日の名残り』土屋政雄訳、ハヤカワ epi 文庫、2001）
Patrick Süskind, *Das Parfum,* 1985.（パトリック・ジュースキント『香水──ある人殺しの物語』池内紀訳、文春文庫、2003）
Graham Greene, *The Third Man*, 1949.（グレアム・グリーン『第三の男』小津次郎訳、ハヤカワ epi 文庫、2001）
Bobbie Ann Mason, *In Country*, 1985.（ボビー・アン・メイソン『インカントリー』亀井よし子訳、ブロンズ新社、1988）
Alan Hollinghurst, *Swimming-Pool Library*, 1988.（アラン・ホリングハースト『スイミングプール・ライブラリー』北丸雄二訳、早川書房、1994）
John Irving, *The World According to Garp*, 1978.（ジョン・アーヴィング『ガープの世界（上・下）』筒井正明訳、新潮文庫、1988）
Joseph Heller, *Catch-22*, 1961.（ジョーゼフ・ヘラー『キャッチ＝22（上・下）』飛田茂雄訳、ハヤカワ文庫、1977）
Truman Capote, *Breakfast at Tiffany's*, 1958.（トルーマン・カポーティ『ティファニーで朝食を』村上春樹訳、新潮文庫、2008）
Philip Roth, *Portnoy's Complaint*, 1969.（フィリップ・ロス『ポートノイの不満』宮本陽吉訳、集英社文庫、1978）
*Thomas Mallon, *Henry and Clara*, 1994.
Steven Millhauser, *Edwin Mullhouse: The Life and Death of an American Writer 1943-1954, by Jeffrey Cartwright*, 1972.（スティーヴン・ミルハウザー『エドウィン・

怒り（上・下）』平石貴樹・新納卓也訳、岩波文庫、2007）
*Judith Shulevitz, *The Sabbath World: Glimpses of a Different Order of Time*, 2010.
*Eva Hoffman, *Time: Big Ideas, Small Books*, 2009
*Zachary Lazar, *Sway*, 2008.
*Thurston Clarke, *The Last Campaign: Robert F. Kennedy and 82 Days That Inspired America*, 2008
Nicholas Carr, *The Shallows: What the Internet Is Doing to Our Brains*, 2010.（ニコラス・カー『ネット・バカ――インターネットがわたしたちの脳にしていること』篠儀直子 訳、青土社、2010）
T.S. Eliot, *Four Quartets*, 1943.（T・S・エリオット『四つの四重奏』岩崎宗治訳、岩波文庫、2011）
Walter Ong, *Orality and Literacy: The Technologizing of the Word*, 1982.（ウォルター・J・オング『声の文化と文字の文化 』桜井直文・林正寛・糟谷啓介訳、藤原書店、1991）
Jim Crace, *The Pesthouse*, 2007.（ジム・クレイス『隔離小屋』渡辺佐智江訳、白水社、2010）

## 《第４章 文学という鏡》

Franz Kafka, *Die Verwandlung*, 1915.（フランツ・カフカ『変身　掟の前で 他２編』丘沢静也訳、光文社古典新訳文庫、2007 ほか）
Franz Kafka, *Der Process*, 1927.（フランツ・カフカ『訴訟』丘沢静也訳、光文社古典新訳文庫、2009 ほか）
*Myron Brinig, *The Flutter of an Eyelid*, 1933.

## 《第５章 本を本たらしめるもの》

Thomas De Quincey, *Confessions of an English Opium-eater*, 1821.（ド・クインシー『阿片常用者の告白』野島秀勝訳、岩波文庫、2007）
*Robert Benchley, *Love Conquers All*, 1922
Rudyard Kipling, *The Jungle Book*, 1894.（キップリング『ジャングルブック―オオカミ少年モウグリの物語〈第１・２部〉』金原瑞人訳、偕成社文庫、1990）
George Orwell, *Nineteen Eighty-Four*, 1949.（ジョージ・オーウェル『一九八四年 [ 新訳版 ]』高橋和久訳、ハヤカワ epi 文庫、2009）
George Orwell, *Animal Farm*, 1945.（ジョージ・オーウェル『動物農場―おとぎばなし』川端康雄訳、岩波文庫、2009）

## 《第２章　この騒々しい世界で》


*Anne Fadiman, *Rereadings: Seventeen writers revisit books they love*, 2005.

Flannery O'Connor, *Wise Blood*, 1952.（フラナリー・オコナー『賢い血』須山静夫訳、ちくま文庫、1999）

*Scott Fitzgerald, *The Crack-Up*, 1945.

*Scott Fitzgerald, *The Pat Hobby Stories*, 1962.

Scott Fitzgerald, *The last tycoon,* 1941.（フィツジェラルド『ラスト・タイクーン』大貫三郎訳、角川文庫、2008）

*Scott Fitzgerald, *This Side of Paradise*, 1920.

*David Foster Wallace, *A Supposedly Fun Thing I'll Never Do Again*, 1997.


## 《第３章　もうひとつの時間、そして記憶》


*David Denby, *Snark: It's Mean, It's Personal, and It's Ruining Our Conversation*, 2009.

*Lewis Lapham, *Gag Rule*, 2004.

*George W. S. Trow, *Within the Context of No Context*, 1981.

*Jane Smiley, *Thirteen Ways of Looking at the Novel*, 2005.

Saint Augustine, *Confessions*, 397.（アウレリウス・アウグスティヌス『告白（上・下）』服部英次郎訳、岩波文庫、1976）

Laurence Sterne, *The Life and Opinions of Tristram Shandy, Gentleman*, 1759-1767.（ロレンス・スターン『トリストラム・シャンディ上・中・下』朱牟田夏雄訳、岩波文庫、2009）

James Joyce, *Finnegans Wake*, 1939.（ジェイムズ・ジョイス『フィネガンズ・ウェイク（１、２、３・４）』柳瀬尚紀訳、河出文庫、2004）

James Joyce, *Ulysses*, 1922.（ジェイムズ・ジョイス『ユリシーズ（１、２、３、４）』丸谷才一・永川玲二・高松雄一訳、集英社文庫、2003）

Simone Weil, *The notebooks of Simone Weil*, 2004.（シモーヌ・ヴェーユ『カイエ１、２、３、４』山崎庸一郎ほか訳、みすず書房、1992-1998）

*Assaf Gavron, *Almost Dead*, 2010.

*Erin Hogan, *Spiral Jetta: A Road Trip through the Land Art of the American West*, 2008.

*David Remnick, *The Bridge: The Life and Rise of Barack Obama*, 2010.

*Jonathan Alter, *The Promise: President Obama, Year One*, 2010.

William Faulkner, *Requiem for a Nun*, 1951.（ウィリアム・フォークナー『尼僧への鎮魂歌』阪田勝三訳、冨山房、1967）

William Faulkner, *The Sound and the fury*, 1929.（ウィリアム・フォークナー『響きと

Mark Twain, *Tom Sawyer Abroad and Tom Sawyer, Detective*, 1894, 1896.（マーク・トウェイン『トム・ソーヤーの探偵・探検』大久保康雄訳、新潮文庫、1994）
Ian McEwan, *The Comfort of Strangers*, 1981.（イアン・マキューアン『異邦人たちの慰め』宮脇孝雄訳、早川書房、1994）
*Alexander Trocchi, *Cain's Book*, 1960.
Frank Harris, *My Life and Loves*, 1922.（フランク・ハリス『わが生と愛（1～5巻）』大久保康雄訳、河出書房新社、1965-66）
Alexander Trocchi, *Young Adam*, 1957.（アレグザンダー・トロッキ『ヤング・アダム』浜野アキオ訳、河出書房新社、2005）
*Alexander Trocchi, *Man at Leisure*, 1972.
*Alexander Trocchi, *Thongs*, 1955.
Alexander Trocchi, *White Thighs*, 1955.（アレグザンダー・トロッキ『白い太腿』広瀬順弘訳、富士見ロマン文庫、1983）
Alexander Trocchi, *Helen and Desire*, 1954.（フランシス・レンゲル『ヘレンの欲望』中上守訳、富士見ロマン文庫、1980）
*David Shields, *Reality Hunger: A Manifesto*, 2010.
Jack Kerouac, *On the Road*, 1957.（ジャック・ケルアック『オン・ザ・ロード』青山南訳、河出文庫、2010）
*Malcolm Lowry, *Hear Us, O Lord from Heaven Thy Dwelling Place ("The Forest Path to the Spring")* , 1961.
Malcolm Lowry, *Under the Volcano*, 1947.（マルカム・ラウリー『火山の下』斎藤兆史（監訳）渡辺暁・山崎暁子（共訳）、白水社、2010）
Philip Roth, *The Ghost Writer*, 1979.（フィリップ・ロス『ゴースト・ライター』青山南訳、集英社、1984）
Joan Didion, *Slouching Towards Bethlehem*, 1968.（ジョーン・ディディオン『ベツレヘムに向け、身を屈めて』青山南訳、筑摩書房、1995）
Joan Didion, *The White Album ("In the Islands")*, 1979.（ジョーン・ディディオン『60年代の過ぎた朝　アメリカ・コラムニスト全集(19)―ジョーン・ディディオン集』〔「ハワイ諸島にて」〕越智道雄訳、東京書籍、1996）
*Joan Didion, *After Henry ("Pacific Distances")*, 1992.
Tim O'Brien, *The Things They Carried*, 1990.（ティム・オブライエン『本当の戦争の話をしよう』村上春樹訳、文春文庫、1998）
*Jenny Sanford, *Staying True*, 2010.

# 本書に登場した本

書名については、原書のタイトルと、邦訳があればそのタイトルを挙げた。邦訳書は現在入手できるものを中心に、複数ある場合は2000年以降のものを掲載した。* がついているものは、2012年1月現在、未邦訳あるいは邦訳書が入手困難な書籍を表す。

## 《プロローグ「文学は死んだ」？》


Scott Fitzgerald, *The Great Gatsby*, 1925.（フィツジェラルド『グレート・ギャツビー』野崎孝訳、新潮文庫、2010. フィッツジェラルド『グレート・ギャッツビー』小川高義訳、光文社古典新訳文庫、2009. スコット・フィッツジェラルド『グレート・ギャツビー』村上春樹訳、中央公論新社、2006）

William Golding, *Lord of the Flies*, 1954.（ウィリアム・ゴールディング『蝿の王』平井正穂訳、新潮文庫、2010）

*Philip Roth, *Everyman*, 2006.

Thomas Paine, *Common Sense*, 1776.（トーマス・ペイン『コモン・センス　他三篇』小松春雄訳、岩波文庫、2009）


## 《第1章 物語の中の真実》


Joey, *Killer : Autobiography Of A Hit Man For The Mafia*, 1973.（ジョーイ『殺し屋ジョーイ（I）』高田正純訳、ハヤカワ文庫、1978）

*Robert Daley, *Target Blue: An Insider's View of the N.Y.P.D*, 1973.

Frank Conroy, *Stop-Time: A Memoir*, 1967.（フランク・コンロイ『彷徨』稲田武彦訳、晶文社 、1970）

*Philip Wylie, *Generation of Vipers*, 1942.

*Philip Wylie, *When Worlds Collide*, 1933.

*Philip Wylie, *The Smuggled Atom Bomb*, 1951.

*Philip Wylie, *The Spy who spoke Porpoise*, 1969.

*Robert Rimmer, *The Harrad Experiment*, 1967.

*Sam Greenlee, *The Spook Who Sat by the Door*, 1969.

*L. Fletcher Prouty, *The Secret Team: the CIA and its allies in control of the United States and the world*, 1973.

Thomas Mann, *Joseph und Seine Brüder*, 1933-1943.（トーマス・マン『ヨセフとその兄弟 1、2、3』望月市恵・小塩節訳、筑摩書房、1985, 1986, 1988）

◉――著者紹介
**デヴィッド・L・ユーリン David L. Ulin**

米ロサンゼルス・タイムスの文芸批評・担当記者。2005～2010年に読書欄を担当。同紙のほか「アトランティック・マンスリー」「ネーション」「ニューヨーク・タイムズ・ブックレビュー」などに寄稿している。カリフォルニア大学大学院で創作文芸を教えるほか、カリフォルニア芸術大学客員教授もつとめる。著書に、*The Myth of Solid Ground: Earthquakes, Prediction, and the Fault Line Between Reason and Faith*、編者としての作品に*Another City: Writing from Los Angeles*、*Writing Los Angeles: A Literary Anthology*などがある。

◉――訳者紹介
**井上 里 いのうえ・さと**

宮崎県生まれ。早稲田大学第一文学部卒業。訳書に、ピエールドメニコ・バッカラリオ著「ユリシーズ・ムーア」シリーズ（全6巻・学研パブリッシング、金原瑞人氏と共訳）がある。

**それでも、読書《どくしょ》をやめない理由《りゆう》**

2012年3月10日　第1刷発行

**著　者**　デヴィッド・L・ユーリン

**訳　者**　井上 里

**発行者**　富澤凡子

**発行所**　柏書房株式会社
東京都文京区本駒込1-13-14（〒113-0021）
電話（03）3947-8251（営業）
（03）3947-8254（編集）

**DTP**　有限会社共同工芸社

**印刷・製本**　共同印刷株式会社


ISBN978-4-7601-4084-8